D1726598

Ben Tax

Meine Verehrung Exzellenz!

Max von Pettenkofer –
Hygiene für München
und die Welt

URKUNDE.

Das Komitee für Errichtung eines Pettenkofer-Denkmals übergibt bei Gelegenheit der feierlichen Enthüllung kraft dieser Urkunde das aus freiwilligen Beiträgen von Kollegen, Schülern, Freunden und Verehrern errichtete, von dem K. Professor Wilhelm von Rümann modellierte und dem Bildhauer Aloys Mayer vollendete Denkmal des Weiland Geheimen Rates

Seiner Exzellenz

Dr Max von Pettenkofer

der Stadtgemeinde München als freies Eigentum mit der Bitte, dieselbe wolle es zum dauernden Gedächtnis des grossen Mannes, der sich um die Stadt München unvergängliche Verdienste erworben und den sie durch Verleihung des Ehrenbürgerrechtes, sowie der goldenen Bürgermedaille auszeichnete, in freundliche Hut und Pflege nehmen.

München, den 23. Mai 1909.

Das Komitee.

Prof. M. v. Gruber
Friedrich Seyboth

Prof. Dr Heigel
Dr v. Borscht

Ben Tax

Meine Verehrung Exzellenz!

Max von Pettenkofer –
Hygiene für München
und die Welt

Das Komitee für Errichtung eines Pettenkofer-
Denkmals übergibt bei Gelegenheit der feierlichen
Ent-hüllung Kraft dieser Urkunde das aus freiwilli-
gen Beiträgen von Kollegen, Schülern, Freunden
und Verehrern errichtete, von dem H. Professor
Wilhelm von Rümann modellierte und dem
Bildhauer Aloys Mayer vollendete Denkmal des
Weiland Geheimen Rates

Seiner Exzellenz Dr. Max von Pettenkofer
der Stadtgemeinde München als freies Eigentum
mit der Bitte, dieselbe wolle es zum dauernden
Gedächtnis des großen Mannes, der sich um die
Stadt München unvergängliche Verdienste erworben und den sie durch Verleihung des Ehrenbürgerrechtes sowie der goldenen Bürgermedaille auszeichnete, in freundliche Hut und Pflege nehmen.

München, den 23. Mai 1909
Das Komitee.
Prof. M. v. Gruber
Prof. Dr. Heigel
Friedrich Seyboth
Dr. v. Borscht

Franz Schiermeier Verlag
München

Blick in einen Abwasserkanal,
gemalt von einem Mitarbeiter der
Münchner Stadtentwässerung,
um 1930

Inhalt

Vorwort

Das Schaffen und Wirken von Max von Pettenkofer lässt sich auch heute noch sehr anschaulich
erleben. Überall, wo wir uns in München bewegen,
treffen wir auf Spuren dieses großen Hygiene-
forschers, der die Bezeichnung, einer der größten
Wohltäter der Menschheit zu sein, voll und ganz
verdient.

Mit „Meine Verehrung, Exzellenz" habe ich einen
Titel gewählt, der meine persönliche Hochachtung
vor dieser, oft als Saubermann bezeichneten
Person deutlich machen soll. Im Buch erfahren
Sie, auch anhand von Bildern und überlieferten
Texten, Details über seine Eingriffe in das alltäg-
liche Gemeinwohl im Bereich von Gesundheit
und Hygiene sowie Hintergründe zur Münchner
Wasserversorgung und Abwasserentsorgung.

Sie bekommen hier keinen allumfassenden
Bericht über Pettenkofers Gesamtwerk, auch
keine rein wissenschaftliche Darstellung, sondern
nur einen kleinen Einblick in einen Teil seiner
Bemühungen für die Münchner Stadthygiene.
Er hat den Hygienespross gesät, er hat das Wort
Hygiene den Menschen erklärt und versucht,
es ins Bewusstsein einzuprägen.

Pettenkofer war, als erster Professor für Hygiene,
ein Wissenschaftler, der sich immer für das allgemeine Wohlbefinden aller Mitbürger eingesetzt
hat. Machen wir uns auf den Weg, mit einem
kleinen Augenzwinkern hier und da, seinen Fuß-
stapfen zu folgen.

Unter jedem Gehweg in München strömt reines,
klares Trinkwasser, unter jeder Straße gurgelt ein
Abwasserkanal. Jedes Schlachtvieh tritt nach
möglichst hygienischen Regeln im 1878 eröffneten
Schlachthof aus dem Leben. Für all das und noch
viel mehr sorgte Max von Pettenkofer in der
zweiten Hälfte des 19. Jahrhunderts. Alle seine
Pionierleistungen nahm er mit einem besonderen
Weitblick in Angriff, sodass wir heute, 150 Jahre
später, von den damaligen Errungenschaften
ohne Einschränkungen unseren Nutzen ziehen
können.

Seit Mitte der 1980er Jahre öffnet die Stadt München ihre Abwasserkanäle, um auch Besuchern
einen Einblick in den Untergrund zu ermöglichen.
Zur Jahrtausendwende überrumpelte mich mein
damaliger Chef bei der Münchner Stadtentwässerung, Herr Alfred Jäger, mit dem Auftrag, die
Führungen in die Kanalisation zu übernehmen.
„Das geht nicht, ich weiß ja gar nicht, was ich
sagen soll", war mein Kommentar. „Egal, was du
sagst, die Leute, die kommen, haben sowieso
keine Ahnung", war seine Reaktion. Mehrmals
durfte ich ihn bei seinen Rundgängen begleiten.
Damals schienen mir seine Erzählungen über
Pettenkofer und den Beginn der Kanalisation eher
eintönig und bieder, weil mir das so weit zurück-
liegende belanglos vorkam. Ich musste mich erst
einmal über die Geheimnisse der Münchner
Unterwelt informieren und in Archiven auf Ent-
deckungsreise gehen.

Doch im Laufe der Führungen näherte ich mich
dem Gründer der Münchner Stadthygiene,
Max von Pettenkofer, immer mehr an, speziell im
Bereich der Abwasserentsorgung. Nach und nach
steigerte sich meine Bewunderung für diesen
Mann so immens, dass ich meine gesammelten
Erkenntnisse hiermit zusammenfasse und veröf-
fentliche. Also lassen Sie sich von Max von
Pettenkofer an die Hand nehmen und von seiner
Strahlkraft anstecken.

Texte und Bilder entstammen aus alten und neuen
Quellen und den Erlebnissen eines Münchner
Kanalführers.

Einwurf von Schnee am Marien-
platz, gemalt von einem
Mitarbeiter der Münchner
Stadtentwässerung, um 1930

Erste Schritte in ein prallgefülltes Leben

Geburtshaus von Max von Pettenkofer in Lichtenheim bei Neuburg an der Donau. Aus der Münchner Illustrierten „Die Jugend", 1902, Nr. 21

Maximilian Joseph Pettenkofer wurde am 3. Dezember 1818, als fünftes von acht Kindern geboren. Im Umfeld einer bäuerlichen Familie im Donaumoos hatte man wohl dem kleinen Max kein freudiges Lied an der Wiege gesungen – oder vielleicht doch? Schließlich gaben ihm die Eltern den Vornamen des regierenden Königs – als gutes Omen.

Der Vater Pettenkofers, Johann Baptist, betrieb eine Zollstation an der Donau, die er von seinem Vater übernommen hatte. Nachdem Kurfürst Max IV. diese überholten Einrichtungen im Jahr 1800 aufgehoben hatte, musste Vater Pettenkofer seine bisher nebenbei geführte kleine Landwirtschaft ausbauen: mit einigen Kühen, Schafen, Schweinen und Geflügel. Der ehemalige Mautner schaffte sich nach und nach eine stattliche Schafherde an und auf Kredit ein geeignetes Weideland.

Die Existenz blieb immer ein Drahtseilakt. Die Mutter Barbara versorgte fleißig die vier Töchter und vier Söhne, den Haushalt und den Stall. Jahrelang nahm Johann Pettenkofer mit seinen Tieren am Landwirtschaftsfest teil, das bis heute parallel zum Oktoberfest auf der Theresienwiese in München veranstaltet wird. Seine kräftigen Hammel wurden dort mehrfach prämiert. Das bescheidene Anwesen der Familie Pettenkofer lag in Lichtenheim, Dorf Lichtenau, bei Neuburg an der Donau, im Donaumoos.

Das Freilicht- und Heimatmuseum in Karlshuld, Kleinhohenried 108, beherbergt heute noch gelegentlich Ausstellungen in Erinnerung an *„den größten Sohn des Donaumooses"*.

Die Kindheit verbrachte Max im familiären Umfeld und wuchs in einem kargen Landleben zu einem gesunden, lebendigen Buben heran.

Gedenktafel am Geburtshaus

die kreischenden Grillen, sie ärgern ihn, weil sie sich nicht sehen lassen, man hört nur ihr unablässiges Zirpen".[2] Das alles bewegte den kleinen Max sehr, doch sein Hauptinteresse im Moos galt den Vögeln. *„Sein Freund, der Schäfer Leonhard, er wird von allen nur Hartl gerufen, hat ihm ihre Namen genannt, nur, er kann sie sich nicht alle merken, es sind doch zu viele. Beim Hartl und den Schafen hält sich der Bub am liebsten auf. Von ihm hört er so viele wunderliche Neuigkeiten von den Wolken und dem Wetter. Die Wolken, die wie Watte aussehen, sind weiter nicht gefährlich, davon droht kein Regenwetter. Die dünnen Wolkenfetzen aber, die bringen mit Sicherheit eine schlechte Witterung, auch den lustigen Lämmerwölkchen ist nicht zu trauen, auch sie sind Vorboten von Regen. Der Bub vernimmt auch, warum der Mond immer wieder seine Form ändert, [...] er hört, dass es eine Menge von Heilkräutern gibt und er staunt, dass so ziemlich für jede Krankheit ein heilsames Kraut wächst".[3]*

Meistens war er auf sich allein gestellt, seinen Großvater und seine Mutter bombardierte er mit endlosen Fragen – oft waren sie überfordert, eine zufriedenstellende Antwort und Erklärung für seine vielen Fragen zu finden. Karl Wieninger schreibt in seiner Biografie über Pettenkofer[1] von der *„unstillbaren Neugierde"* des Kindes, *„täglich macht er neue Entdeckungen. [...] zum Beispiel in der geheimnisvollen Stille des Dachbodens mit den vielen Absonderlichkeiten in Kisten und Kästen, ebenso auch im Stall, in der Tenne und vor allem draußen im Ried. Da erlebte er jeden Tag Neuigkeiten, etwa das absonderliche Netz einer Spinne, in dem noch Tautropfen hängen, die Farbigkeit der Blumen, die irisierende Tönung der Flügel eines Rosskäfers oder eine glänzende Ringelnatter, die sich langsam durch das Gras schlängelt, um dann in einem Weiher mit hochaufgerichtetem Kopf rasch durch das braune Moorwasser zu gleiten. Da tun sich ihm Fragen auf: Woher kommen nur die vielen Regenwürmer nach einem Gewitterregen? Warum hinterlassen die Schnecken auf dem Weg durchs hohe Gras eine silbrig glänzende Spur? Da sind noch die blitzschnellen Eidechsen, man kann sie nicht fangen; dann die Heuschrecken, die so prachtvoll springen und schließlich*

Am besten wusste der Schäfer über die Vögel und ihre Eigenarten Bescheid. Das Maxl hörte aufmerksam zu und saugte jede Kleinigkeit über ihr Flugverhalten in sich auf. Durch seinen Freund lernte er auch die unterschiedlichsten Käfer und Kröten, die Mäuse und sonstigen Wald- und Wiesentiere kennen. *„Auch Pilze lernt er durch seinen Freund kennen, die giftigen und die essbaren. Auf seinen Streifzügen findet er am häufigsten Birkenpilze, Täublinge, Reizker und Rehlinge [Reherl]. Die Mutter schimpft wegen seiner ausgedehnten Landstreichereien etwas weniger, wenn er so viele Schwammerl heimbringt, dass davon eine Mahlzeit gekocht werden kann. Auf solche Weise wächst der kleine Max heran, für ihn ist jeder Tag eine Kette von Aufregungen. [...] Unter seiner Bettstatt hat er eine Schatztruhe, eine Schachtel mit einer Reihe von Kostbarkeiten: eine Anzahl verschiedener Moosarten, lange Baumflechten, etliche leere Schneckenhäuser, ein Baumschwamm, ein gesprenkeltes Schnepfenei und das Kostbarste: eine Pfeife aus Holunderholz, die ihm der Hartl geschnitzt hat".[4]*

Um diese Kindheit, wenn man sie so liest, möchte man ihn fast beneiden.

Als die Schulzeit begann, verlagerte Max seine Neugier auf neue Herausforderungen. *„Der kleine Pettenkofer ist von der Schule begeistert. Eine seiner Leidenschaften, die Befriedigung seiner Neugierde, wird hier gestillt"*.[5]

In der Dorfschule wurden alle Klassen in einem Raum unterrichtet. Oft wurde er getadelt, weil er mehr bei den älteren die Ohren spitzte und nicht dem Lehrstoff folgte, der für die Jüngeren vorgetragen wurde. Sein Interesse war stets auf alles Neue gerichtet. Dennoch: *„Ein Musterknabe war der Pettenkofer beileibe nicht. [...] Mit seinen älteren Brüdern hatte er eine tote Ringelnatter [...] mit einer Schnur an die Kammertür einer Dienstmagd befestigt. Die saudumme Dirn machte darüber ein solches Geschrei, dass der Vater dazu kommt und die Buben mit einem Haselnussstecken traktiert. In der Schule gießen ältere Schüler auf das vertiefte Sitzbrett des Stuhles, den der Lehrer benützt, einen Guß Wasser. Arglos setzt sich der Lehrer Klotz darauf, um sogleich wieder aufzuspringen, die Nässe hatte den Hosenboden durchdrungen. Dem Maxl kommt dies so lustig vor, dass er laut lacht und vor Begeisterung über den Spaß in die Hände patscht. Es ist begreiflich, dass dies den Lehrer ärgert. Er nimmt sich den Buben vor und gibt ihm für seine Schadenfreude fürs erste zwei gesalzene Tatzen. Dann erst beginnt ein strenges Verhör: ‚Ob er die Frechheit angerichtet habe?' ‚Na, g'wiß net, Herr Lehrer!' ‚Ob er da mitgewirkt habe?' ‚Na, a net.' ‚Ob er wisse, wer das war?' ‚Ja, scho', aber i sag's net.' ‚So, und warum nicht?' Darauf der Max im schier feierlichen Hochdeutsch: ‚Weil ich kein Feigling bin, Herr Lehrer'. Johann Klotz respektiert die Ehrauffassung des Knaben, er wendet sich ab und stellt den Tatzenstock in die Ecke"*.[6] Max' schulische Leistungen überzeugten jedoch stets in hohem Maße.

„In der dritten Klasse besucht ein Schulinspektor, ein dicker geistlicher Herr, den Unterricht, um sich vom Wissen der Kinder zu überzeugen. Der kleine Max ist voll Feuer und Flamme über das Frage- und Antwortspiel. Er meldet sich immer wieder und gibt richtige Antworten. Der Schulinspektor belobigt ihn ausdrücklich und nennt ihn einen wackeren Burschen".[7] So erkannten auch sein Lehrer und der Pfarrer, dass beim Max wohl umfangreichere Talente als bei manch anderen Mitschülern vorhanden waren. Mit Nachdruck konnten sie erwirken, dass Max im Alter von acht Jahren, 1826, nach München kam zu seinem Onkel, dem Hofapotheker Franz Xaver Pettenkofer, der kinderlos war, und ihm eine höhere Schullaufbahn ermöglichte.

Sehr glücklich war er dort anfangs nicht. Sein gewohntes Landleben und die Familie gingen ihm ab und noch als alter Mann erzählte er mit seinem reizenden Humor, wie er damals in seiner Bedrängnis in der Liebfrauenkirche vor sämtlichen Altären gebetet habe, die Mutter Gottes möge doch ein Wunder bewirken und ihn wieder hinausführen in sein geliebtes Moos. In den Augen des Moosbauernbuben war München eine riesige Stadt. Am liebsten hätte er die Wohnung nicht verlassen, denn das Gedränge auf den Straßen und die vielen Menschen erschreckten ihn. Der Maxl hatte Angst in München, alles so groß und so nah beieinander.

König Ludwig I. hatte im Jahr zuvor, 1825, mit 39 Jahren den Thron bestiegen und verwirklichte den lange gehegten Plan, München zu einer Residenzstadt von europäischem Rang und einer Metropole der Kunst zu machen. Er förderte Architekten, Bildhauer und Maler.

Die Hofapotheke der Münchner Residenz befand sich im Apothekenstock neben dem heutigen Kabinettsgarten. Heute ist hier das Cuvilliés-Theater untergebracht.

„Als 1826 der kleine Pettenkofer nach München kam, war ein ziemlicher Teil der Stadt ein riesiger Bauplatz. Allenthalben sah man Gerüste, hohe Stapel von Ziegelsteinen und Bauholz, Sandhaufen und Baugruben waren keine Zierde in der Stadt. Viele Münchner murrten wegen der ewigen Unordnung. Vor allem die vielen Kulturbauten erfuhren Kritik. Nicht wenige sahen darin eine unverantwortbare Geldverschwendung. Damals hatte die Landeshauptstadt lediglich 66 .000 Einwohner. Die alteingesessene Bevölkerung war nach dem flachen Land hin orientiert. Viele davon waren aus dem Umland zugezogen und hatten verwandtschaftliche Bindungen zum bäuerlichen Volksteil. [...]

Man lebte nach der Devise: ‚Leben und leben lassen‘, die kleinen und mittleren Handwerksbetriebe florierten. Man war tolerant, in politischen wie auch in religiösen Fragen war nichts von Fanatismus zu spüren. Der Hof vermied überflüssige Etikette und der König praktizierte eine volksnahe Haltung. War's das Klima, das diese Lebensart
erzeugte oder die Nähe der Alpen, der erregende Föhn? Vielleicht auch das Bier, das als flüssiges Brot galt? In den vielen Gastwirtschaften waren die Standesunterschiede verwischt; die Anrede ‚Herr Nachbar' war zwischen hoch und nieder üblich und schuf einen gemütlichen Zustand".[8]

Max von Gruber schildert in seinem Nachruf auf Pettenkofer dessen erste Begegnung mit Ludwig I.: *„Da Onkel Xaver im Residenzschloss wohnte, war es wahrscheinlich, dass Max dem Könige bald begegnen würde. Eine der ersten Sorgen des loyalen Hofapothekers, seinem Neffen das Bild des Königs einzuprägen, ihm die gehörige Ehrfurcht einzuflößen und ihm einzuschärfen, wie er sich zu benehmen habe, falls er dem König begegnen sollte: Er müsse sogleich Front machen und in Habtachtstellung stehenbleiben, bis der König vorüber sei. Richtig dauerte es nicht lange, und Max sah sich plötzlich bis auf wenige Schritte dem König gegenüber, als er auf seinem Schulweg um die Ecke der Residenz bog, dort, wo eine schmale Brücke über den Stadtbach führte.*

Denkmal für König Ludwig I.
auf dem Odeonsplatz

Der König war im Begriffe, sein Reitpferd zu besteigen. Aufs Tiefste erschüttert durch die Nähe der erhabenen Person, durch die Größe des Augenblicks, raffte sich der Knabe mühsam zusammen und stellte sich, wie ihm befohlen war, habt acht. Wie hypnotisiert starrte er den König an! Diesem wollte das Aufsteigen nicht recht gelingen; das Pferd war störrisch und der König – wie man erzählt – nicht gerade der beste Reiter. Irritiert blickte er um sich und sein Blick blieb an seinem kleinen Untertanen hängen, der ihn – wie ihm jetzt zum Bewusstsein kam – seit Minuten aus nächster Nähe unverwandt angaffte. Was Erstarrung aus Ehrfurcht war, däuchte ihm respectlose Neugierde zu sein, und plötzlich fuhr ein grimmiges: ‚Du Maulaffe, wirst du schauen, dass du fortkommst!' dem entsetzten Knaben ins Ohr.

Man kann sich vorstellen, mit welcher Beschleunigung der kleine Max das Weite suchte! Durch Wochen verfolgte ihn die drohende Gestalt mit der erhobenen Reitgerte in Schlaf und Wachen und wie der Indianer die Spur der Feinde mied er ängstlich auf weiten Umwegen die Pfade seines königlichen Herrn."[9] Noch kann er bei Weitem nicht ahnen, wie freundlich, ja sogar herzlich das Verhältnis mit Ludwig I. später werden sollte. Ein langer gemeinsamer Weg sollte sich noch anbahnen.

Gute Leistungen in der Schule und seine natürliche, direkte Art brachten Pettenkofer bald Anerkennung, auch bei seinen Mitschülern, die ihn anfangs seiner bäuerlichen Herkunft, Kleidung und Aussprache wegen belächelten.

Wilhelmsgymnasium
an der Thierschstraße

Immer sah er sich in der Lage und nahm sich die Zeit, seine Mitschüler bei Bedarf zu unterstützen. Ingesamt 15 Buchpreise erhielt er für seine hervorragenden Leistungen in den verschiedenen Fächern.

1836 durfte oder musste er als bester Schüler des Wilhelmsgymnasiums zur Feier des 50. Geburtstages seiner Majestät, König Ludwig I., eine lateinische Ansprache vortragen, was er mit einer Mordsaufregung – seine erste Begegnung noch im Hinterkopf –, aber mit Bravour und sogar mit einem anerkennenden Lob meisterte. Im Frühsommer 1837 war seine Gymnasialzeit zu Ende, das Abitur bestand er mit Auszeichnung.

Auf Drängen seines Onkels entschied er sich beim Studium nicht für die klassische Philologie und Geschichte, sondern für die Naturwissenschaften. Neben dem Pharmazie- und Medizinstudium hörte er Vorlesungen zur Philosophie und Geschichte sowie Literatur und Sprachen. Doch trotz seiner besonderen Liebe zu den Fächern der philosophischen Fakultät, die ihn sein Leben lang begleiten wird, entwickelte Pettenkofer auch eine entscheidende Neigung zu den Naturwissenschaften. Vor allem die Chemie und Mineralogie weckten sein Interesse. Wie es der Lehrplan vorsah, wird er 1839 nach vier Semestern Lehrling in der Hofapotheke unter der strengen Aufsicht seines Onkels. Die Kenntnisse im Bereich Chemie und Pharmazie, gepaart mit seinem gewissenhaften Interesse, ermöglichten ihm schließlich den Erlass von zwei der drei Lehrjahre.

Der Apothekerlehrling Carl Spitzweg

Carl Spitzweg (1808–1885),
Apotheker und Maler, Fotografie von Franz Hanfstaengl

Vor ihm war schon der Maler Carl Spitzweg in dieser Apotheke Lehrling gewesen. Auf Wunsch seines Vaters unterzog sich Spitzweg der Ausbildung zum Apotheker, als Maler war er lediglich Autodidakt. 1827, am ersten Tag seiner Lehrzeit in der Residenz-Apotheke, begegnete Carl Spitzweg dem 10 Jahre jüngeren, damals achtjährigen Max Pettenkofer an der Hand seines Onkels in der Apotheke. Asta Scheib schildert diese Begegnung:

„Sie sind der junge Spitzweg?" fragte Franz Xaver Pettenkofer und wies dann auf den Jungen, der Carl neugierig anschaute: *„Das ist Max, mein Neffe … und einmal mein Nachfolger."* Der angehende Apotheker sah den Jungen mit leuchtenden Augen an. Der Kleine nickte, antwortete aber nicht. Carl spürte, wie stolz der Apotheker auf seinen Neffen war. Eine gewisse Ähnlichkeit war erkennbar. Pettenkofer hätte leicht der Vater seines Neffen sein können. Bei Max konnte man sich leicht vorstellen, dass er mit vierzig wie sein Onkel auftreten würde, ebenso ruhig, intellektuell, überlegen, aber zugewandt. ,Darf ich mitgehen?' fragte Max, und nahm sogleich Carls Hand. Überrascht lachte Pettenkofer: *„Da sieht man's, er will alles wissen, alles mitmachen, er will unbedingt arbeiten."*[10]

Gefäße mussten gereinigt und mit einem Tuch sorgfältig vom Staub befreit werden. Max reichte ihm vorsichtig ein Gefäß nach dem anderen und stellte es, abgestaubt, wieder auf seinen Platz. Carl sah das feine Gesicht des Jungen, seine dunklen Augen, die versuchten, die lateinischen Begriffe zu buchstabieren: „E x t r a k t u m", las Max und sah den Älteren fragend an, der beifällig nickte. So, in Gesellschaft eines aufgeweckten Kindes, hatte Carl sich den ersten Tag seiner Lehrzeit nicht vorgestellt.

Spitzweg floh dann 1854 vorübergehend wie viele andere aus München vor der Brechruhr bzw. der Cholera aus der Stadt.

Der Grabstein von Spitzweg auf dem Alten Südlichen Friedhof in München in Form eines Flakons deutet auf seine Apothekertätigkeit, seinen erlernten Beruf, hin.

Obwohl Max die musterhaft ausgestattete und geleitete Apotheke seines Onkels hervorragende und von ihm auch fleißig genutzte Gelegenheiten zu chemischen Experimenten und Analysen bot, schien ihn das allein nicht zu befriedigen.

„In seiner spärlichen Freizeit sang er daher in einem Chor und spielte auch verschiedene Rollen in einem Studententheater. Dabei muss ihm die Idee von seiner Berufung zum Schauspieler gekommen sein, die er sogar seinem Onkel offenbarte. Der energische Alte hielt das für reinen Unsinn und ließ keine weiteren Überlegungen zu. Erhalten geblieben ist aus dieser Zeit der Brief eines Freundes, in dem er den jungen Apotheker bat, ihm und den anderen Chorsängern mit „seinem allerliebsten Tenor" beizustehen. Groteskerweise ist dieser Brief in Vorahnung, oder aus Gaudi, gleichsam ein Vorgriff um 50 Jahre, an „Seiner Exzellenz Herrn Max Pettenkofer" gerichtet."[11]

Grab von Carl Spitzweg auf dem Alten Südlichen Friedhof

Erst im Jahr 1896 ernannte ihn Prinzregent Luitpold tatsächlich zum Geheimen Rat des Königs mit dem Titel „Exzellenz" Das Repertoire seiner gereimten Verse schien im Laufe der Zeit nahezu unerschöpflich zu sein. Jede sich bietende Gelegenheit nutzte Pettenkofer, um mit seiner poetischen Ader die aufgestauten Gedanken spielen zu lassen.

Offensichtlich hatte Max Pettenkofers Onkel nicht beachtet, dass sich sein Neffe eine kleine Parallelwelt aufgebaut hatte, in der er sich der Dichtung widmete. So reimte er in einem Gedicht, das mit dem 16. Juni 1838 datiert ist, in umgangssprachlichem Dialekt:

„O wär i als Kind mit sex Jahre do gestorben
Nacha wär i ein Engel im Himmel droben worn.
Aber jetzunda bin i ja z'tiefst in da Hüll
So brennt mi und quält mi an abschuli harts Gfühl

Die Suna geht unta und da Mondschein geht auf
Mein Leiden hat kein Anfang und hört a nöt auf.
Im Haus auf'm Feld, alloa, bei die Leut -
I muß halt dro denka bis in d'Ewigkeit.

Will i beten in d'Kirche zu ein Heiligbild geh
muaß i nix thua als seufzen: Wie is's Unschol so schön
Woaß nöt ob i's für ein Engel für d'Mutter Gottes halt
Wie sie is's so liebli, wie er so voll Gewalt.

Und untreu is's ma worn - das hätt i mir denkt
I hab ihr viel Salbeln und Halstücheln geschenkt.
Aber itz is's vorbei, denn itz liebts an selb' Franz
Und is d'treu einmal broche, ewie words nima ganz.

Drum woan i, i bin itza z'tiefst in da Höll
so brennt mi und quält mi dös abschüli hart Gfühl.
O wär i als Kind mit sex Jahren gestorbn
Nach wär i an Engel in Himmel drobn worn."

Im Gedicht vertraut er seine intimen Gefühle, die er sich so wahrscheinlich nie auszusprechen getraut hätte, einem Blatt Papier an."[12]

Theaterambitionen

Ein offenkundiger Wesenszug Pettenkofers war bereits damals seine hohe Sensibilität und sein ausgeprägtes Ehrgefühl.

Als er eines Tages während seiner Lehrzeit mit seinem jähzornigen Onkel wegen eines kleinen Versehens, einer fehlerhaften Mixtur, in Streit geriet und ihm dieser in Gegenwart anderer Angestellter eine Ohrfeige verpasste, verließ er, tief beschämt und schwer gekränkt, das Haus.

Ein weiteres Verbleiben war ihm nach dieser Schmach nicht mehr vorstellbar. Wir finden ihn wieder als Schauspieler auf den Bühnen von Regensburg bis Augsburg, wo er unter dem Pseudonym „Tenkof" (Pet-tenkof-er) seine Theaterrollen spielte. Carl Spitzweg tingelte bereits ebenso als Schauspieler durch die Lande und diente ihm zweifelsohne als Vorbild.

Und in Augsburg ereilte ihn sein persönliches Schicksal. In der Nähe, in Friedberg, lebte Josef, ein weiterer Onkel, als königlicher Beamter. Dorthin mag sein Weg oft geführt haben, denn dessen Tochter, seine liebenswürdige Kusine Helene, mit der er seit Jahren in innigem Briefwechsel stand, war, wie er ihr noch später schrieb, *das Zauberlicht, das mich schon als Knabe geblendet hat."*

123 Liebesbriefe an seine spätere Frau befinden sich im Bestand der Münchner Staatsbibliothek. Da werden sie auch weiterhin brav verwahrt bleiben, zumindest für mich, denn Max' persönliche Botschaften sind seine eigene ganz intime Angelegenheit. Die Helene war es, die ihn in seine alte Bahn zurückbrachte, indem sie ihm ihre Hand versprach, wenn er wieder „ein ordentlicher Mensch" werden würde.

Auszüge aus einem Vers, an seine angebetete Helene gerichtet:

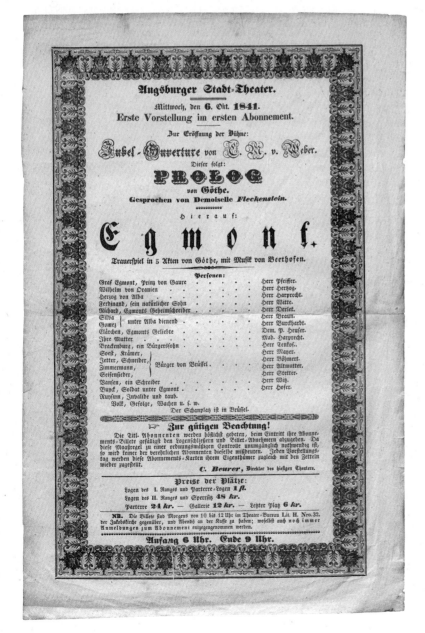

Theaterzettel der Aufführung des Trauerspiels „Egmont" im Augsburger Stadt-Theater. Unter dem Künstlernamen Tenkof als Darsteller des Bürgersohns Brackenburg verbirgt sich Max Pet-TENKOF-er.

„Ach wie wird von jenen Tagen
Plötzlich die Erinnerung wach
Wo wir still am Herz uns lagen
eins im Wort vor Wonne sprach

Von den tausend Sprachen jede
War zu rauh = zu unvertraut
Athmen war Gesang und Rede,
Seufzen unser Jubellaut.

Lieber betteln auf den Straßen,
dacht ich, um das schwarze Brod
Aber nur nicht von dir lassen,
von dir lassen vor dem Tod.[13]

Rückkehr nach München

Nach kaum einem halben Jahr also kehrte Pettenkofer im Sommer 1841 von den Brettern des Theaters reumütig zurück und wurde vom Onkel Xaver zwar mit offenen Armen aufgenommen, aber nicht bedingungslos. Er erklärte ihm, dass ein ehemaliger Komödiant höchstens Mediziner werden, aber nicht für die Übernahme der Hofapotheke in Frage kommen könnte, denn er fürchtete, sein Dienstherr, der König, würde an der Verirrung seines Neffen Anstoß nehmen. Dabei übersah er gänzlich, dass Ludwig I. gerade auf dem Gebiet der Kunst völlig ungezwungen dachte und frei war von jeder Prüderie.

Während die Tante mit aller Offenheit ihre Freude über die Rückkehr von Max gezeigt hatte, herrschte noch eine kurze Zeit zwischen dem Onkel und dem Neffen eine etwas spröde Stimmung. Recht bald legte sich der Unmut und zwischen den beiden bahnte sich das frühere herzliche Einvernehmen wieder an.

Mit eiserner Disziplin bewältigte Max Pettenkofer den Lehrstoff beider Fächer, Medizin und Pharmazie, und forschte mit Experimenten, wie etwa über die Arsennachweise, die schon bald in der Gerichtsmedizin Anwendung fanden. Fasziniert von den Methoden der neuen experimentellen Wissenschaft widmete er sich mit großer Leidenschaft allen chemischen Fragestellungen.

Die Arbeit des Apothekers genoß in jener Zeit ein höheres gesellschaftliches Ansehen als die der Mediziner, da der Apotheker ja die Krankheit heilen und der Mediziner sie oft lediglich diagnostizieren konnte.

Hochschule

Das Universitätsstudium setzte er in verschiedenen Fächern fort. Im März 1843 bestand Pettenkofer das Approbationsexamen als Apotheker, im Juni desselben Jahres promovierte er zum Doktor der Medizin in Chirurgie und Geburtshilfe, beides mit Auszeichnung. Seine Dissertation handelte von einem Heilmittel, das gegen die Cholera eingesetzt wurde: „Mikania Guaco". Pettenkofers Schlussfolgerung: *„Fassen wir alles bisher Erörterte zusammen, so sehen wir viele Erfahrungen vor uns, die eine bedeutende Wirksamkeit der Mikania Guaco Pflanze bestätigen [...] deren Heilkräfte von den Eingeborenen [in Südamerika] geachtet sind und dass sie sich wirklich oft als hilfreich erwiesen haben muss. [...] Alle Versuche, welche in Europa, mit der getrockneten Pflanze angestellt wurden, [...] lassen uns auf kein befriedigendes Resultat blicken"*.[14]

Um bei seinen Experimenten schlüssige Urteile zu erreichen, scheute er nicht, auch Selbstversuche am eigenen Körper vorzunehmen. Eine teils leichtsinnige Unbekümmertheit nahm er dabei in Kauf, wobei stets sein Ziel war, Beweise für seine wissenschaftlichen Theorien zu erbringen. Bei einem Selbstversuch mit dem Saft der getrockneten Mikania-Guaco-Pflanze konnte er die Wirkung des giftigen Stoffes beobachten. Nach kurzer Zeit stellte sich eine ungewöhnliche starke Schweißbildung ein, der Puls beschleunigte sich heftig, und der Körper wehrte sich gegen das Gift durch Erbrechen. Somit kam er zu dem Schluss, dass sein Untersuchungsgegenstand bei entsprechender Dosierung wohl geeignet sein könnte, den menschlichen Körper bei Vergiftungen oder gewissen Krankheitsfällen zu heilenden Reaktionen zu veranlassen.

Für ihn galt es, die Wirkungen von Heilpflanzen nicht zu erraten, sondern durch Beobachtungen, Experimente und Analysen zu beweisen.

Pettenkofers Begegnung mit Justus von Liebig

Justus von Liebig (1803–1873),
Chemiker. Lithografie von
Zéphirin Belliard

Bereits bei seinen anfänglichen chemischen Labor-
studien machte der junge Dr. Pettenkofer einige
Entdeckungen in der experimentellen Forschung,
die bis heute mit seinem Namen verbunden sind.

Für Pettenkofer gab es damals nur einen Gelehrten,
der ihn besonders anzog, nämlich den seinerzeit
angesehensten Chemieprofessor Justus von
Liebig in Gießen. Dieser war schon als 21-Jähriger
zum Professor ernannt worden, und ihn umgab
ein magischer Ruhm als Papst der chemischen
Wissenschaft. Liebig war es auch, der die Chemie
in Deutschland fest verankert hat. Die Sehnsucht
aller jungen Chemiker war damals, bei Liebig in
Gießen arbeiten zu dürfen. Aber wie hingelangen?
Pettenkofers treuer Lehrer und Mentor, Johann
Nepomuk Fuchs, ebnete ihm den Weg, auch ver-
schaffte er ihm ein Stipendium vom königlichen
Obermedizinalausschuss mit dem ausdrücklichen
Auftrag, sich vor allem in der organischen Chemie
umzutun.

Pettenkofer gelang es, 1844 beim 15 Jahre älteren
Liebig im Laboratorium unterzukommen. Grundsatz von Liebig war, seinen Schülern Chemie ohne
jede Rücksicht auf spezielle Anwendungen zu
lehren. Pettenkofer erweiterte dort sein wissen-
schaftliches Arbeiten und stieg tiefer in die Geheimnisse der Chemie ein. Er schaffte es, bei seinen
Laborarbeiten bereits vor dem Aufenthalt in Gießen,
im menschlichen Harn aus den Abdampfrückstän-
den mit Lösungen und Verbindungen einen stick-
stoffartigen Körper zu isolieren, den selbst Liebig bei
seinen bisherigen Forschungen übersehen hatte.
Die Untersuchung dieses Stoffes wurde in Gießen
fortgesetzt. Das Kreatinin, das als Abbauprodukt
des im Muskelfleisch vorhandenen Kreatins vom
Körper nicht verwertet wird, und dessen Ausschei-
dungsmenge im Harn daher Rückschlüsse auf die
Nierenfunktion zulässt, stellte Pettenkofer chemisch
dar und ermittelte seine Zusammensetzung. Diese
Entdeckung war wiederum für Liebigs weitere
Arbeiten über die Chemie des Fleisches von großer
Bedeutung. Erst drei Jahre später erkannte Liebig
endgültig, dass die von Pettenkofer aus dem Harn
isolierte Substanz identisch ist mit der, die er aus
seiner berühmten „Chemischen Untersuchung
über das Fleisch" aus Kreatin gewonnen hatte.

Justus Liebigs chemisches Laboratorium auf dem Seltersberg zu Gießen um das Jahr 1840.
(Erbaut vom Universitäts-Baumeister Hofmann im Herbst 1839.)

Laboratorium von Justus von
Liebig in Gießen, um 1840

Dies erregte selbstverständlich Liebigs höchstes Interesse, was Pettenkofer trotz seines relativ kurzen Aufenthaltes in Gießen in engere Beziehung zu dem großen Forscher brachte. Liebig erkannte in ihm den kongenialen Schüler und ermunterte und förderte ihn, wo und wie er nur konnte; aus dem Lehrer – Schüler-Verhältnis wurde eine lebenslange Freundschaft.

Der Aufenthalt in Gießen war für Pettenkofer, wie er auch später immer wieder gern betonte, eine der anregendsten und glücklichsten Phasen seines Lebens. Jeder, der seinerzeit als Schüler in den Einflussbereich dieses großen Mannes trat, spürte, dass er mit Riesenschritten vorwärts kam, und die Leidenschaft der gemeinsamen Bestrebungen schweißte die Schüler auf Lebenszeit aneinander.

Pettenkofer war es trotz Sparsamkeit nicht möglich, die Mittel aufzutreiben, um noch ein Semester in Gießen zu bleiben, und so musste er im Herbst 1844 nach München zurückkehren, nicht ohne weiterhin von dem wissenschaftlichen Leben, dem experimentellen Arbeiten und vor allem der Kameradschaft zu schwärmen.

Zu vielen seiner Mitstudenten und auch Lehrern hielt Pettenkofer weiterhin engen Kontakt. So blieb er besonders mit Hermann Kopp, Carl Remigius Fresenius und Heinrich Will verbunden, darüber hinaus auch mit August von Hofmann, der sich u.a. als Gründer der Chemischen Gesellschaft hervortrat.

Einer von Liebigs Ratschlägen war: „Das Beste, was du wissen kannst, darfst du den Buben doch nicht sagen. Alles, was ich machen kann, müssen auch die Buben machen lernen." Die Anwendung überließ er jedem selbst, wobei er sich nicht im Einklang mit der Zeitströmung befand. Gerade damals errichtete man an vielen Orten technische Schulen, um darin solche Teile der Naturwissenschaften zu lehren, die für die einzelnen Gewerbe Nutzen hätten. In der Chemie einer Gewerbeschule sollte der künftige Hafner den Lehm, der Brauer Malz und Hopfen, der Gerber Haut und Rinden, der Färber die Farben und der Landwirt Boden und Mist studieren, nicht aber mit Dingen beschwert werden, von denen der Schüler in seinem künftigen Berufe nie Gelegenheit für eine praktische Anwendung antreffen werde. Liebig blieb aber diesem gedankenlosen Nützlichkeitsprinzip standhaft und verfolgte den Grundsatz: „Von einer Wissenschaft nur das lernen wollen, wovon man einmal Nutzen ziehen könnte, ist ebenso unnütz und sinnlos, als wenn einer von einer Sprache sich nur solche Worte aneignen wollte, die er für einen bestimmten Zweck zu brauchen glaubt."

Mit Humor pflegte Pettenkofer später noch einen höchst aufregenden Vorfall zu erzählen, der dabei passierte. Eine ziemlich große Menge der kostbaren Substanz [die die Zersetzungsprodukte des menschlichen Körpers durch die Niere nachweist] war herangeschafft und ihre Lösung behufs Umkristallisierens aufs Wasserbad gestellt worden. Pettenkofer begab sich während des Eindampfens in Liebigs Vorlesung. Als er zurückkam, war das Wasserbad leergedampft und der Rückstand in der Abdampfschale verkohlt. Liebig, der den neuen Körper auf der Jahresversammlung der British Association zeigen wollte, war wütend: „Wie kann man wegen einer solchen albernen Vorlesung seine Arbeit verlassen!", rief er. Nun musste das ganze Laboratorium zusammen helfen und es gelang so noch im letzten Augenblick, eine neue Portion fertigzustellen.[15]

In wehmütiger Stimmung, in die ihn der Abschied aus Gießen, dem Zentrum seines bisherigen Werdegangs, versetzt hat, formulierte Pettenkofer folgenden Vers:

„Nur einmal noch zu Euch,
    ist mein Verlangen.
Wie seid ihr glücklich alle,
    Glied für Glied,
auf einer Au,
    wo uns're Blumen prangen!
D'rum weh dem Sturme,
    der von euch mich schied!
Nun bin ich fern von euch,
    allein, gefangen!
Und summe herzbetrübt
    ein Bienenlied"[16]

Seine umfangreichen Begabungen, sowohl auf wissenschaftlichem wie auch auf musischem Gebiet, haben ihn schon in jungen Jahren zu manchen Glanzleistungen befähigt. Sie konnten ihn gelegentlich sogar nachteilig beeinflussen, um sich intensiv und systematisch mit einer bestimmten Aufgabe zu befassen. Leicht ablenkbar durch neue fesselnde Themen, forschte er mal hier mal da, fand schon manche geniale Patentlösung im Detail, drang aber zunächst selten an die Grundfragen der von ihm betriebenen Wissenschaften vor. Das trug ihm bis in die 1850-er Jahre bei aller Anerkennung teilweise den Ruf eines „chemischen Gelegenheitsarbeiters" ein. Möglicherweise wäre seine Entwicklung anders verlaufen, hätte er weiter unter der straffen Anleitung des nüchternen und konsequent denkenden Liebigs, frei von materiellen Sorgen, an einem vorgegebenen Ziel arbeiten können.

Pettenkofer stand, auch im Auftrag des Königs Maximilian II., mit Liebig in regem Briefwechsel. Nun sollte Liebig sein Urteil abgeben über den Plan zur Gründung einer Akademie für technische Wissenschaften, einer „Königlichen Gesellschaft". Sie sollte neue wissenschaftliche Errungenschaften sofort ins praktische Leben übertragen und für die Allgemeinheit nutzbar machen.

Dieser königliche Plan war ganz im Sinne Pettenkofers und er formulierte folgenden Entwurf: „Unsere ganze Technik vermag nichts, als das von der Natur gegebene Material entweder physikalisch, mechanisch oder chemisch zu verändern und auf diese Weise die Herrschaft des Menschen über die Natur und wenn er es versteht, seine Unabhängigkeit und Freiheit zu vermehren. Physik und Chemie sind die einzig richtigen Grundlagen für wissenschaftliche Begründung jeder Technik … Die Zukunft unserer Technik liegt in der Tiefe, und es bedarf komplizierterer Geistesoperationen als bisher, um zu einem Fortschritte zu gelangen"[17].

Man braucht nur überall an die Stelle des Wortes Technik das Wort Gesundheitspflege zu setzen, und man hat das Programm vor sich, das Pettenkofer einige Jahre später zu verwirklichen begann.

Atempause

Der Münchner Obermedizinalausschuss richtete einen Antrag an das Ministerium, für den jungen Gelehrten einen medizinisch-chemischen Lehrstuhl einzurichten. Die lange Wartezeit war für den Aspiranten eine ziemliche Marter und schließlich wurde es ihm zur Gewissheit, dass der Antrag nicht verwirklicht wird.

Das Scheitern deprimierte ihn sehr. Sein Onkel bot ihm weiterhin den Familienverband an, was Pettenkofers Selbstachtung aber empfindlich getroffen hätte, wenn er am Beginn seiner Berufslaufbahn, bei noch so liebenswerten Verwandten, Kostgänger gewesen wäre.

Karl Wieninger beschreibt diese Zeit so: *„Die Zeit der Beschäftigungslosigkeit empfand er als bitter und demütigend. Pettenkofer, der so unkompliziert schien und von einer optimistischen Grundhaltung beherrscht war, war in Wirklichkeit sehr feinfühlig und in seinem Inneren leicht verletzlich gewesen. Objektiv denkende Menschen mögen seine depressive Einstellung als eine Übertriebenheit angesehen haben, wenn er sich seiner Hilflosigkeit schämte und sich als unbrauchbares Geschöpf bezeichnete. In dieser Zeit war er menschenscheu gewesen und meinte in fast krankhafter Weise, dass die Menschen in seiner Umwelt ihn verachteten.*

In seiner Stube ordnete er seine Schriftsachen. In einer kleinen Mappe bewahrte er alle für ihn wichtigen Papiere und Dokumente auf. Voll innerem Groll blätterte er in seinen Zeugnissen, die alle Stationen seiner Ausbildung vermerkten. Sie enthielten ehrenvolle Prädikate, die im krassen Gegensatz zu seiner derzeitigen Lage standen:

Im Schulzeugnis des Lehrers Johann Klotz war unter Bemerkung zu lesen: ‚Der besonders fleißige Schüler zeigte eine behende Auffassungsgabe; er erwarb hervorragende Kenntnisse und gibt zu den schönsten Hoffnungen Anlass. Sein Betragen ist immer mustergültig gewesen'.

Das Abgangszeugnis vom Königlich Alten Gymnasium: „Note 1, vorzüglich." Die Beurteilung des Chemischen Instituts der Universität: Im Schriftlichen vorzüglich, im Mündlichen ausgezeichneter Fortgang. Dazu auch noch das Zeugnis des Professors von Fuchs: Pettenkofer wurde in der Vorlesung und bei Übungen als außerordentlich tüchtig und talentiert befunden. Seine chemischen Kenntnisse befähigen ihn, jede Staatsstelle, die chemische Kenntnisse erfordert, zu besetzen.

Ein anderes Blatt war das Zeugnis über die große Staatsprüfung in der Medizin. Dank eiserner Arbeitskraft, Begabung und Aufnahmefähigkeit gelang es ihm, die Studien binnen 2 Jahren zu absolvieren. Bereits im März 1843 wurde die Approbationsprüfung als Apotheker und bald darauf im Juni die ärztliche Staatsprüfung als Doktor der Medizin, Chirurgie und Geburtshilfe abgelegt.

Das Prädikat lautete: „cum nota eminentiae", also wieder herausragend. Seine Promotion endete mit: „Summa cum laude." Im Zeugnis des Professor Scherer von Würzburg ist verzeichnet: „Pettenkofer war fleißig, gesittet, talentvoll; allerhöchste Förderung empfohlen."

Schließlich noch die Äußerung des Professors Justus von Liebig: *„Pettenkofer hat den praktischen analytischen Kurs in chemischen Laboratorien beigewohnt. Lebhafter Fleiß, Eifer, sehr gute eigene Arbeiten, er fand ein bisher unbekanntes Verhalten der Galle zum Zucker, sozusagen Neues im Menschenharn"*[18]. Aber all die schmeichelhaften Zensuren konnten seine bitteren Gefühle nicht aufhellen.

Abstecher in die Münze

Innenhof der Alten Münze,
um 1870

Max von Pettenkofer, Fotografie von Franz Hanfstaengl

Bild auf der rechten Seite:
Helene Pettenkofer

Im Herbst 1844, nach seiner Rückkehr nach München, stand Pettenkofer zunächst vor dem Dilemma, dass es keine seinen Fähigkeiten entsprechende Arbeits- und Verdienstmöglichkeit gab. Für kurze Zeit hielt er sich zumindest mit Laborarbeiten des königlichen Leibarztes Franz Xaver von Gietl über Wasser.

Der Antrag des Obermedizinalausschusses, ihm eine Stelle als außerordentlichen Professor für medizinische Chemie an den Kliniken der Münchner Universität zu genehmigen, wurde vorerst noch abgelehnt. In dieser scheinbar aussichtslosen Situation bekam er von einem seiner ehemaligen Studienkollegen den Hinweis von einer freien Assistentenstelle beim königlichen Hauptmünzamt.

Nach längerem Zögern ergriff er diese Gelegenheit. Sein Interesse begründete er mit der Neugier, sich auch mit anorganischer Chemie befassen zu wollen, anstatt zuzugeben, sich aus Existenzgründen und beabsichtigten Heiratsplänen um die Anstellung zu bewerben.

Am 1. Mai 1845 nahm Pettenkofer die Stelle an. Voller Freude und Begeisterung teilte er seiner seit Langem angebeteten Helene, seiner Kusine, mit, dass nun den Heiratsplänen nichts mehr im Wege stünde.

Mit dieser Anstellung als Assistent im Münchner Hauptmünzamt glaubte er, Helene zumindest eine halbwegs sichere Existenzgrundlage bieten zu können.

Die geduldige Braut wusste schon seit Langem, dass ihrem Max die reale Einschätzung von allen materiellen Gütern und Geldwerten fehlte, und das karge Gehalt wohl kaum zur Gründung eines Hausstandes ausreichen dürfte. Trotz aller Bedenken sagte sie nicht nein. Im Juni 1845 fand die Hochzeitsfeier statt. Der Onkel stellte ihnen fürs erste zwei Zimmer in der weiträumigen Wohnung in der Residenz zur Verfügung, und bei beiden bestand die berechtigte Hoffnung auf eine Verbesserung der Einkommenslage.

Ehe und Familie

Helene stellte sich als eine anmutige junge Dame dar, mit einem bezaubernden Auftreten und auffallend sympathischem Wesen. Das Bild des jungen Bräutigams zeigt das Antlitz eines gesunden Menschen, der einen selbstbewussten und zielstrebigen Eindruck macht. Max Pettenkofer war damals im 27. Lebensjahr, die Braut nur um vier Monate jünger.

Als frisch vermählter Ehemann freut er sich über sein Glück und verfasst folgendes Gedicht:

„Du warst Jungfrau schon – und ich fast noch Knabe,
da stieg schon in die Wang mein heißes Blut,
So oft mein scheuer Blick auf dir geruht,
Und deinen Namen ich vernommen habe.

Jetzt liegst du selbst mir um den Hals gewunden,
und schwörst mir bei allerheiligem Namen,
Was endlich doch dein stolzes Herz empfunden.

Der Liebe üpp'ge Saat entfloh dem Samen,
den lang ein böser Frost in dir gebunden.
Die Ernte reift: Der Priester spreche: Amen!"[19]

Seinem Lehrer und mittlerweile Freund Justus von Liebig verdanken wir folgende einprägsame, von Sympathie getragene Beschreibung des Bräutigams, die er zu Pettenkofers Hochzeit im September 1845 verlauten ließ: „Er war ein schöner, kräftiger Jüngling mit feurigem Auge und schwärmerischen Blick. Pettenkofer hatte dunkle Hautfarbe, dunkelbraune Augen, rabenschwarzes, glänzendes Haupthaar, welches in üppiger Fülle die ebenmäßige, mächtige Stirn umwallte, während starke und dichte Augenbrauen das geniale Auge beschattete."[20]

Häufig wurde er für einen Italiener oder Spanier gehalten. Und auch durch den Tonfall seiner markanten Stimme fand er viel Beachtung.

„Max und Helene lebten zu Beginn ihrer Ehe äußerst sparsam und bescheiden, weil Max als junger Chemiker nur ein Gehalt von 1 ½ Gulden am Tag verdiente. Später, mit Kindern und als Universitätsprofessor, konnte die Familie eine junge Hausgehilfin anstellen, weil auch öfters Kollegen und Besucher zu bewirten waren. Die Erziehung ihrer fünf Kinder, zwei Söhne und drei Töchter, darunter Zwillinge, lag überwiegend in Helenes Hand. Die Eheleute pflegten einen burschikosen, legeren und kameradschaftlichen Umgangston.

War er grantig, nannte sie ihn ,Brummbär', worauf er oft mit ,mein geliebtes Wurzelweib' entgegenhielt, halb tadelnd und doch liebevoll. Als die Kinder heranwuchsen, war es Helene möglich, sich karitativen Aufgaben zu widmen.

Ihr Engagement war angelegt auf kirchliche Wohlfahrtseinrichtungen, auf die Betreuung von Kostkindern, auf alleinerziehende Mütter und auf die Hilfe von Verwundeten und die Hinterbliebenen von Gefallenen. Pettenkofer begrüßte die soziale Arbeit seiner Frau und förderte sie nach Kräften. Einfache Nächstenliebe und ein Mitgefühl für leidende Menschen waren auch der Grundstein für den Aufbau seines hygienischen Systems. Pettenkofer genoss spürbar in der ganzen Bevölkerung eine stetig wachsende Popularität und Beliebtheit, allgemein bei Reich und Arm, bei bedeutenden Persönlichkeiten und auch bei einfachen Menschen.

Max und Helene Pettenkofer,
1842

*Die Ränder seiner Hüte waren oft abgegriffen,
weil er auf dem Wege von seiner Wohnung in der
Residenz, zu seiner Arbeitsstätte, der Universität,
und später zum Institut in der Findlingstraße,
heute Pettenkoferstraße, ständig freundschaftliche und respektvolle Grüße erwidern durfte."*[21]

Max und Helene mussten in ihrer Ehe manch harten Schicksalsschlag hinnehmen. Ihre fünf Kinder
wuchsen prächtig heran und waren die Freude
ihrer Eltern. Doch als man sie gerade als erwach-
sen bezeichnen konnte, da bekamen die zwei
Söhne und eine Tochter eine Schädigung an der
Lunge, die Tuberkulose, die ein Erbteil der Verwandtschaft Pettenkofers war. Sie starben im
Alter von 24, 28 und 44 Jahren. Diese bitteren
Verluste dämpften das Lebensgefühl des Ehepaa-
res Pettenkofer einschneidend. Ein Anflug von
Schwermütigkeit befiel seither die Familie und
alle Anlässe von Freude wurden zurückhaltend
gefeiert. Die schmerzvollen Todesfälle führte die
Familie noch inniger zusammen. Gott war oft ihr
Trost.

Pettenkofer, der zuvor der Inbegriff eines Opti-
misten war, gesegnet mit Tatendrang und Entschlusskraft, ist in fortschreitendem Alter bedäch-
tiger geworden. Er nahm sich immer häufiger die
Zeit, bei Wanderungen in der oberbayrischen
Landschaft Erholung zu finden, wie auch 1874 bei
der Erkundung der Wasservorkommen im Mangfalltal. Lange Zeit war Kiefersfelden das Feriendo-
mizil der Familie. In den 1880er Jahren kaufte er
sich in Seeshaupt am Starnberger See ein Land-
haus mit einem beachtlichen Garten und See-
zugang. Hier lebte er mit seiner Frau in den Som-
mermonaten und badete bei jeder Witterung im
See. Wenn bei Gewitter der Sturm das Wasser
aufwühlte und starke Wellen ans Ufer schlugen,
war er, ungeachtet der grellen Blitze und des
mächtigen Donnerkrachens, von seiner überdach-
ten Veranda nicht wegzubringen. Das Tosen der
elementaren Naturgewalten weckte seine volle
Bewunderung. Wenn er Gäste bewirtete, vergaß
er seine Melancholie, dann regte sich in ihm wieder seine gesellige Veranlagung, und manche seiner Besucher sprachen daraufhin noch lange von
dem harmonischen Erlebnis der Seeshaupter
Abende.

45 Jahre war Pettenkofer mit Helene glücklich verheiratet. Beide waren nie ernstlich krank gewesen. Um 1890, das ist bekannt aus Briefen an seine Freunde, begann Helene besorgniserregend zu erkranken. Ihr Herz verlor mehr und mehr an Kraft. Im Herbst 1890 ist sie eines sanften Todes gestorben. Max verlor sich nicht in der Einsamkeit, er sah seine Gattin nicht als verstorben an, sie war für ihn weiterhin existent, nur in eine andere Welt vorausgegangen.

Am Sarg seiner Frau sprach er den Vers:

„Das große Geheimnis ist dir verkündet
der Sterblichen Unsterblichkeit,
die Seele dort Erlösung findet
wie ist vom Erdenwahn befreit.

Was Lebenskraft empor gerichtet
Was sie erschuf, hervorgebracht,
Das ist mit einem Mal vernichtet,
Mit einem Mal zu Staub gemacht.“ [22]

In hohem Alter heiratete Pettenkofer noch einmal, eine gewisse Mathilde Kopf, auf ihren ausdrücklichen Wunsch hin, zweifelsohne aus Versorgungsgründen, obwohl das zu dieser Zeit nicht unüblich war. Sie war bereits jahrelang im Hause Pettenkofer als Gesellschaftsdame und Betreuerin eingebunden und vormals mit Pettenkofers jüngstem Sohn Max Anton Karl August bis zu dessen Tod 1881 verheiratet, also quasi fest im Kreis der Pettenkoferfamilie eingebunden. Während seiner sommerlichen Aufenthalte am Starnberger See unternahm Pettenkofer häufig lange Spaziergänge.

Nachdem er im Todesjahr seiner ersten Frau zum Präsidenten der Bayerischen Akademie der Wissenschaften und auch zum Generalkonservator der naturwissenschaftlichen Sammlungen ernannt worden war, widmete er sich diesen neuen Aufgaben mit besonderem Fleiß. Trotz seines Alters tat er das, was ihm immer weiterhalf, er vergrub sich in seine Arbeit.

Seine Schüler bewunderten ihn nach wie vor und stets war er bereit, zu beraten und durch persönliches Eingreifen zu helfen, wo es möglich war. Er nahm den herzlichsten Anteil an den Freuden und Leiden der Mitmenschen. Besonders den ihm Näherstehenden war er ein allzeit treuer und mitfühlender Freund. Jedesmal hatte man das Gefühl, von ihm wieder etwas Gutes und Schönes empfangen zu haben. Mit mildem und versöhnlichem Sinn, versuchte er, Meinungsverschiedenheiten möglichst wohlwollend auszugleichen.

Ehepaar Pettenkofer, 1890,
kurz vor dem Tod von Helene

Zurück zu den Aufgaben in der Münze

Eine Frage an der Münze machte Pettenkofer besonders zu schaffen: Die Kronentaler sollten umgemünzt werden, und das darin vorhandene Gold die Ummünzungskosten decken. Pettenkofer gelang es in ausführlichen Versuchen, das in den Münzen enthaltene Gold, Silber und Platin zu trennen, und jeden Anteil extra zu gewinnen. Diese einfache und kluge Methode der Aufbereitung war eine wahre Bereicherung der analytischen Chemie und fand Liebigs höchste Anerkennung, zumal sie anderen hervorragenden Chemikern nicht gelungen war. Die Mitarbeiter des Münzamtes waren über den Erfolg des Neulings wirklich erstaunt. Die spöttischen Bemerkungen, dass er als promovierter Arzt und Chemiker diese Stelle beim Münzamt antrat, waren somit verstummt. Seine Leistung wurde vorbehaltlos von allen anerkannt. In Anbetracht der neuen Scheidemethode hatte der Staat einen beträchtlichen Gewinn an Gold und Platin.

Seine Erfindung erregte in einschlägigen Fachkreisen hohe Aufmerksamkeit und Anerkennung, die Bayerische Akademie der Wissenschaften wählte ihn zu ihrem außerordentlichen Mitglied.

Diese Ehrung wog um so gewichtiger, weil der Gelehrte damals erst 28 Jahre alt war. Trotz der gewaltigen Gewinne, die die Münze ausschließlich seiner Leistung verdankte, erhielt Pettenkofer keine Prämie und keinerlei Auszeichnung, er wurde auch nicht befördert. Sein Einkommen blieb jährlich bei 500 Gulden. Gut 2000 Gulden verdiente jeder der handwerklichen Metallscheider. Der wissenschaftliche Assistent musste sich weiterhin mit einem Tagelohn von eineinhalb Gulden begnügen. Aber das verärgerte ihn nicht, er gehörte zu den relativ seltenen Menschen, denen die Arbeit Freude macht und für die der Erfolg und die Anerkennung die erfreulichste Entlohnung bedeuten.

Auch König Ludwig I. nahm Kenntnis, dass der Assistent der Münze ein Scheideverfahren entwickelt hatte, durch das der finanzielle Ertrag des Münzamtes verbessert worden war, und ermunterte den jungen Pettenkofer sofort zu einer weiteren großen Herausforderung: Der König war nämlich auf der Suche nach einer Methode, das herrlich rote Glas, „Porporino antice", herzustellen.

Purpurglas

Dieser Wunsch bedeutete für Pettenkofer wieder einen Abstecher zur anorganischen Chemie. König Ludwig I. hatte von einer von ihm entsandten Kommission aus Gelehrten und Künstlern zur Erforschung künstlerischer Techniken der Antike ein opakes, prächtig rotes Hämatinonglas erhalten, das „antike Porporino": Purpurglas aus Pompeji.

Die wundervolle purpurrote Färbung begeisterte den König so, dass er den Auftrag gab, es zu reproduzieren. Viele versuchten es bereits, aber keinem gelang es. Die Herstellungsversuche ergaben nur ein hässliches schwarzgrün oder leberbraun gefärbtes Glas. Die Öfen in der Münze in der Obhut Pettenkofers gaben gute Gelegenheit für weitere Versuche und schließlich zeigte sich, dass durch langsame Abkühlung die herrliche rote Farbe erzeugt werden konnte. Im November 1847 erhielt der König die Proben, die ihn begeisterten. Später gab es noch verschiedene Farbnuancen,

deren Zubereitung als Geheimnis in einigen Fabriken bis heute bewahrt wird. Über die Experimente, die zu seinen Erfolgen führten, berichtete Pettenkofer regelmäßig in wissenschaftlichen Publikationen, so auch über den „antiken roten Glasfluß" im renommierten Polytechnischen Journal.[23]

Der König zeigte außerordentliches Interesse an dem Auf und Ab der experimentellen Versuche, er sah das Gelingen der Bemühungen von Pettenkofer mit überschwenglicher Begeisterung. „In seiner Freude lief er sogleich, der Weg war nicht weit, zum Hofapotheker und rief: *„Der Neffe hat das pompejanische Glas, das Hämatinon wieder entdeckt. Was ist der doch für ein tüchtiger Kerle! Jetzt muss er Professor werden."*[24]

Im Etat der Universität wurden nun doch die Mittel für die Schaffung einer Professur der medizinisch-chemischen Wissenschaft bereitgestellt.

Sodann erging an Pettenkofer die Anfrage, sich für diese Stellung erneut zu bewerben.

Die Entscheidung fiel ihm nicht leicht, da er sich auf dem Posten in der königlichen Münze sehr wohl fühlte und sich inzwischen großes Ansehen und einen vorzüglichen Ruf als Technologe erworben hatte. Den endgültigen Ausschlag gab das Votum König Ludwig I., der sich mit allem Nachdruck für ihn aussprach. Somit wurde Pettenkofer im Jahr 1847 außerordentlicher Professor für medizinische Chemie und gehörte der medizinischen Fakultät an. Es wäre jedoch ein Irrtum zu glauben, der junge Gelehrte hätte nun mit beiden Händen nach dem Extraordinariat gegriffen. Im Gegenteil, fast wäre er der Münze treu geblieben. Er bezeichnete später noch die dort verbrachten zwei Jahre als die glücklichsten seines Lebens. Es war nicht nur die Zeit der jungen Ehe, sondern auch die Zeit einer relativen Ruhe und selbstgewählter Aufgaben.

Die Stelle des Münzscheiders hätte ihm ein Jahresgehalt von 2000 Gulden und freie Wohnung ermöglicht. Als Professor war der Lohn nicht besonders erwähnenswert: zunächst 700 Gulden und zwei Scheffel Weizen und sieben Scheffel Roggen, also ca. 28 Zentner Naturalbezug und ausreichend Brennholz (ein Scheffel entspricht etwa 55 Liter). Mit dem Zureden seines väterlichen Freundes, von Fuchs, gelang es, ihn für die Professur zu gewinnen.

Der gesellschaftliche Aufstieg des jungen Wissenschaftlers war hingegen umso beachtlicher, denn er gehörte jetzt ohne Einschränkung zur geistigen Oberschicht von München und weit darüber hinaus - und das mit 28 Jahren. Zum ersten Mal in seinem Leben, so schien es, hatte Pettenkofer ein klar umrissenes Arbeitsprogramm, das er nun Ende der 1840er Jahre mit ganzer Kraft anging. Die Professur erleichterte ihm das Arbeiten, wie auch die größeren Räumlichkeiten, die ihm nun zur Verfügung standen.

Bald errang er auch bei anderen Professoren und Wissenschaftlern Beachtung. Häufig war aus vielen Ecken zu hören: *„Wenn wir gegenüber einem* *Problem nicht mehr weiter wissen, brauchen wir nur den Professor Pettenkofer zu rufen, der weiß bei allen Schwierigkeiten einen Rat."*[25] Kurz vor seinem 30. Geburtstag konnte er bereits auf einen erfolgreichen Zeitabschnitt mit bemerkenswerten wissenschaftlichen Erfolgen zurückblicken und er ahnte wohl nicht, dass die Universität für die nächsten 50 Jahre seine berufliche Heimat werden würde, nebst der Leitung der Hofapotheke.

Pettenkofer schrieb an Liebig: *„Meine Obliegenheit ist, sogenannte physiologische und pathologische Chemie zu lesen und für die Kliniken bekannt zu machen. Die Kliniker wünschten die Beihilfe etwa nicht deswegen, um ihre eigene Kenntnis weiter zu fördern, sondern meist nur als luxuriösen Beischmuck zum klinischen Vortrage der Symmetrie wegen. Der Ansicht einiger Mediziner „man muss die Chemie haben, aber man kann sie zu nichts gebrauchen" werden wir entgegnen: Wenn die Kliniker die Chemie nicht dienstbar zu machen wissen, so möge der Chemiker die Kliniker ausbeuten für die Zwecke der Chemie. Stets hat die Medizin Fortschritte gemacht, wenn sie eine neue Wissenschaft in sich aufnahm. Stets aber ist eine solche Erweiterung schwer, da gerade den Älteren, klinisch am meisten erfahrenen, die das große Neue sehen, die feste Grundlage fehlt. Die Verbindung kann erst allmählich eintreten, die Hauptsache ist, dass ein Anfang gemacht wird."*[26]

Die Aufgaben des neuen Professors betrafen anfangs – ab 1847 – analytisch-chemische Praktika, im Sommer 1853 begannen seine Vorlesungen über organische und physiologische Chemie, und später über die öffentliche Gesundheitspflege, die Medizinalpolizei und schließlich über sein Hauptanliegen, die Hygiene. Weitere Themen waren die Chemie der Nahrungsmittel, die Beschaffenheit von Luft, Wasser, Kleidung, Wohnung und Baumaterialien.

In einem Kommentar zur Ernährung sagte Pettenkofer: „Jedem ist klar, wie viel Eiweißstoffe braucht ein Schwein, ein Hammel, eine Kuh oder ein Ochs, entsprechend bekamen sie Mast, Milch, Arbeitsfutter, aber es gibt kein Wissen, was der Mensch braucht."

Luftheizung für König Maximilian II.

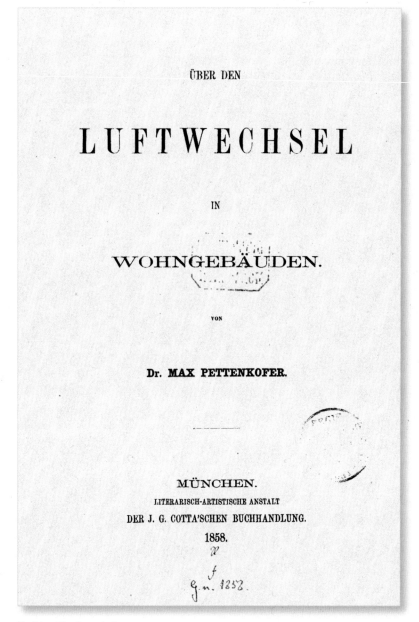

ÜBER DEN

LUFTWECHSEL

IN

WOHNGEBÄUDEN.

VON

Dr. MAX PETTENKOFER.

MÜNCHEN.
LITERARISCH-ARTISTISCHE ANSTALT
DER J. G. COTTA'SCHEN BUCHHANDLUNG.
1858.

Titelblatt: Max Pettenkofer:
Über den Luftwechsel in
Wohngebäuden,
erschienen 1858

Anregungen, sich mit den allgemeinen Fragen der Hygiene auseinanderzusetzen, kamen oft, so wie auch hier, von außen. Bald nach seiner Thronbesteigung am 28. März 1848 richtete König Maximilian II. einen Auftrag an den Obermedizinalausschuss, untersuchen zu lassen, warum in der Residenz häufig eine störende Trockenheit der Luft zu verzeichnen sei. Pettenkofer gehörte dem Ausschuss seit 1849 an und übernahm dessen Leitung.

Wenige Jahre zuvor war in der Residenz mit hohen Kosten eine Luftheizung nach dem Prinzip eines Wiener Ingenieurs eingebaut worden. Diese Modernisierung, die auf einer zentralen Heizanlage beruhte, brachte zwar einen erheblichen Gewinn an Komfort, es musste kein Ruß und Staub mehr ertragen werden. Die Räumlichkeiten waren wohltuend warm, aber die störende trockene Luft führte bei den Bewohnern zu allgemeinem Unbehagen und Atembeschwerden. Pettenkofer erforschte die unerwünschten Nebenwirkungen und setzte sich äußerst gewissenhaft für diese Aufgabe ein.

Nach der Erfüllung dieses weiteren königlichen Auftrages über die nachteiligen Auswirkungen der Luftheizung, wurde Pettenkofer auch zum Begründer eines bis heute gleichbleibend aktuellen Teils der angewandten Hygiene, der Luft- und Wohnungshygiene. Er dirigierte die Zufuhr warmer Luft, ohne negative Einflüsse, in die Räume der königlichen Residenz.

Er begnügte sich nicht mit dem Aufstellen von Wasserspendern, sondern befürwortete die Konstruktion von Instrumenten, die durch enge Düsen Feuchtigkeit versprühten, oder von Apparaten, die in die Wohnräume Wasserdampf leiteten.

Von nun an erforschte Pettenkofer den Einfluss der Umwelt auf das menschliche Wohlergehen. Auch die Kleidung und der Bedarf des ganzen Körpers an Frischluft sowie die Bedeutung der Luft beim Hausbau beschäftigte ihn.

Die richtige und richtig sitzende Kleidung muss den Einfluss der Witterung regeln. Pettenkofer unternahm lange Versuchsreihen, um die Wirksamkeit einzelner Kleiderstoffe zu erproben. Viele seiner Vorträge zeigen, mit welcher Akribie er an die Lösung seiner Forschungsprobleme heranging.

Dabei sprach er die Prämisse aus: *„Im ganzen verfolgt das Haus die nämlich hygienischen Zwecke wie die Kleidung, es hat den Verkehr mit der uns umgebenen Atmosphäre beständig zu unterhalten, aber unseren Bedürfnissen entsprechend zu regeln. Nie darf das Haus eine Vorrichtung sein, uns von der äußeren Luft abzuschließen, so wenig als die Kleidung.“*[27]

Um zu zeigen wie luftdurchlässig unsere Gebäudemauern sind, arrangierte er ein interessantes kleines Experiment: Er setzte je einen Trichter an der Vorder- und Rückseite eines trockenen Ziegelsteins an. Auf der einen Seite blies er kräftig in das Rohr des Trichters hinein, während auf der anderen Seite vor dem Trichterrohr eine Kerze brannte. Die Flamme der Kerze neigte sich zur Seite in eine waagrechte Richtung. Ebenso experimentierte er mit der Feuchtigkeit im Mauerwerk und den Auswirkungen auf den Menschen.

Ausgehend von dem königlichen Auftrag entwickelte Pettenkofer ein weiteres neues Forschungsprogramm, die Wohnungshygiene, und stellte diese zugleich in den größeren Zusammenhang einer umfassenden experimentellen Umwelthygiene, deren Konturen sich gerade abzeichnen. Zitat Pettenkofer: *„Unser Befinden hängt von so vielem ab, was außerhalb des Organismus liegt und was wir noch sehr unvollkommen oder gar nicht kennen. Es bedürfe der gründlichen Erforschung der für die Gesundheit nützlichen oder schädlichen Umweltfaktoren durch die Untersuchung der Luft, des Wassers, des Bodens, der Ernährung, der Kleidung und der Wohnung mit naturwissenschaftlichen Methoden. Hier müsse die Hygiene einsetzen.“*[28]

König Maximilian II., Gemälde nach Joseph Bernhardt, 1860

Königliche Handschuhe

In dieser Angelegenheit wurde Pettenkofer auch nach Berchtesgaden gebeten, um für Maximilian II. ebenfalls die Ventilation des dortigen Schlosses zu begutachten. Sehr früh am Morgen wurde er hierzu zum König befohlen. In der Hektik vergaß er seine Handschuhe und erzählte: „Meine Eile kannst du dir denken, ohne Handschuhe wußte ich mir nicht anders zu helfen, als im Vorzimmer angelangt, einen Lakaien zu fragen, ob er mir nicht weiße Handschuhe beschaffen könne. Er sagte, er habe keine anderen zur Verfügung als jene seiner Majestät. Ich probierte das Paar, kam glücklich hinein und stand einige Minuten später vor seiner Majestät mit seinen eigenen Handschuhen geziert.[29]

In der Hofapotheke

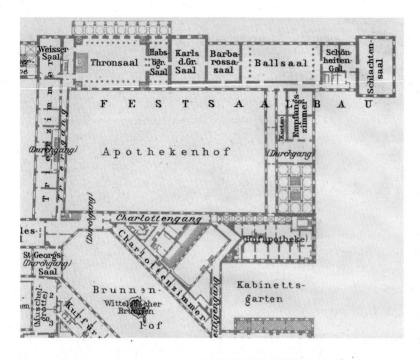

Im Februar 1850 starb der Onkel und König Maximilian II. berief Max Pettenkofer, den Professor, zum Hof- und Leibapotheker, unter Belassung seiner Stellung als Universitätsprofessor. Zudem übernahm Pettenkofer auch die ihm längst vertraute Dienstwohnung im obersten Stockwerk der Ostseite der Residenz, in der er schon seine Jugendjahre, in Obhut von Tante und Onkel, verbracht hatte. Pettenkofer verblieb dort bis an sein Lebensende. Als Hofapotheker verbesserte sich auch das Einkommen und seine Frau Helene konnte ihre karitativen Tätigkeiten jetzt auch finanziell ausgedehnter verstärken.

Seine gesamte vorbeugende Gesundheitstherapie war auf sozialen Beweggründen aufgebaut. Pettenkofer erfreute sich in der ganzen Bevölkerung einer allgemeinen Popularität, sowohl bei schlichten Menschen als auch bei bedeutenden Persönlichkeiten, bei arm und bei reich.

Nichts Menschliches schien ihm fremd zu sein. Mit Goethes Worten sprach er zu sich selbst: *„Greif nur hinein ins volle Menschenleben und wo Du's packst, da ist es interessant."* Unbesorgt ließ er sich daher auch in der Wissenschaft zunächst vom Zufall treiben.[30]

Zur Unterstützung wurde ihm sein Bruder Michael als Königlicher Oberapotheker an die Seite gestellt. Gemeinsam gelang es, die Hofapotheke in den folgenden Jahren zu einer Musteranstalt heranzubilden. Max konnte durch mancherlei Neuerungen den Umsatz des königlichen Unternehmens beträchtlich erhöhen. Viele Pharmazeuten aus dem ganzen Land verdankten ihre Ausbildung dieser „exzellenten" Apotheke.

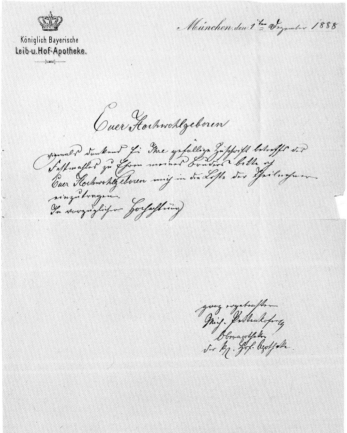

Übersichtsplan der Residenz mit dem Apothekenstock neben dem Kabinettsgarten, um 1900

Dankbrief von Michael Pettenkofer für die Einladung zu einem Festmahl zu Ehren seines Bruders, 1. Dezember 1888

Ausflug in die Poesie

Zu den Münchner Ärzten hatte er ein enges persönliches Verhältnis und Dr. Voit schätzte die Beziehung so ein: *„Die Ärzte konnten in ihrer praktischen Tätigkeit den Nutzen seiner Lehren vielfach erproben und sie fühlten, dass ihnen durch Pettenkofers Einfluss eine neue wirksame Waffe im Kampf gegen die Krankheiten durch Verhütung derselben zur Verfügung stand."*
So wurde die Bedeutung des ärztlichen Standes ungemein gehoben. Als neues Mitglied des Obermedizinalausschusses wurde Pettenkofer fortan mit den verschiedensten Aufgaben betraut.

Während seiner umfangreichen beruflichen Laufbahn begleiteten Pettenkofer stets seine künstlerischen und literarischen Leidenschaften. Gerne verlor er sich in seinen poetischen Gedanken.

Das sind in der Tat für einen jungen Vertreter der exakten Naturwissenschaften ungewöhnliche Gedanken, doch spiegeln sie die widerspruchsvolle Persönlichkeitsstruktur Pettenkofers durchaus treffend wieder. Sein ganzes Leben begleitete ihn seine poetische Ausdrucksweise.

Pettenkofers erzählende Dichtungen nannte er gerne seine „poetischen Jugendsünden", die er häufig zwischen einem wissenschaftlichen Vortrag im Kreise von Freunden und Kollegen als eine Art Faschingsscherz zum Besten gab. Viele wollten diese Verse als eine Erinnerung an diese Zeit besitzen und überredeten ihn, dass er damit auch anderen Zuhörern ein Vergnügen bereiten könnte. Pettenkofer entschloss sich dann, gerne die Manuskripte auch für Fremde drucken zu lassen, aber mit dem Hinweis, dass: *„Bitte alle, die sie in die Hände bekommen, davon keinen weiteren Gebrauch machen. Denn die Verse könnten in den Augen vieler meinen Ruf als Professor und dem Rufe der Schule sehr bedenklich werden."*

Beispiele von Pettenkofers Gedichten, aus seinen „Chemischen Sonetten".

Das Ende vom Lied.

Ich fühl's, ich bin nicht für die Welt geboren:
Ich könnte sonst sie nehmen, wie sie liegt,
hätt nie an Traumgestalten mich geschmiegt,
an die mein Herz unrettbar nun verloren.

Zu sehr verweichlicht hab ich meine Ohren,
mit sanften Melodien sie nur umwiegt.
Wie falsch! Ein wildes Kampfgeschrei durchfliegt
die Welt, und Harmonie ist Traum der Toren.

O glücklich, wer ein kleines nieder's Haus
in eines Tales Schlucht sich könnt errichten,
nichts hört, als Vogelsang und Waldgebraus.

Entfesselt schnöden Zwangs und harter Pflichten
zög' er des Lebens schwere Rüstung aus,
und schlummerte – im Schatten hoher Fichten.[31]

Geschichte der Chemie.

In finstre Kerker hat man dich verwiesen,
Nachdem du kaum das Licht der Welt erblickt.
Der Päpste Bannstrahl und das Interdikt
Für Alle, die bei dir sich treffen ließen.

Zwar wußtest du die Riegel aufzuschließen,
Durch manch' geheimnisvolle Kunst geschickt,
Doch wardst du dann in fremden Dienst verstrickt,
Und solltest Arzenein zusammengießen.

Erst als dir Selbstbewußtsein hell erglommen,
Hast du in königlichem Zorn entbrannt
Vom vorenthalt'nen Thron Besitz genommen.

Die dich verfolgt, verachtet und verkannt,
Sind all'wie Joseph's Brüder nun gekommen
Und fleh'n um Frucht aus dem Aegypterland.

Justus Liebig kommt nach München

„Ein paar meiner Freunde äußerten mir schon öfter die Befürchtung, Sie möchten mit meiner Wirksamkeit, die sich seit einigen Jahren vorzüglich auch auf technische Dinge erstreckt hat, nicht wohl zufrieden sein. Ich für meine Person bin übrigens ganz unbesorgt. Ich glaube als getreuer Schüler nach Ihrem Worte zu handeln, wenn ich jede Aufgabe, zu deren Lösung die Chemie als Wissenschaft beitragen kann, für wichtig halte, gleichviel, ob ich sie mir selbst stelle, oder ob sie mir von wo anders hergestellt wird. Es wird mir nicht zum Vorwurfe gereichen, wenn ich mich von den allerdings oft zufälligen Bedürfnissen meiner lebendigen Umgebung viel bestimmen lasse."

Der König bat Pettenkofer, als Vermittler nach Gießen zu reisen, um dem Baron von Liebig persönlich den Posten in München zu empfehlen.

Maximilian II. war unablässig bemüht, eine nicht unbeträchtliche Anzahl von Wissenschaftlern nach München zu holen, um dem Geistesleben zu einer vollkommenen Blüte zu verhelfen. Die alteingesessenen Münchner Bürger, die jede Neuerung mit starkem Misstrauen beäugten, sprachen mit halb gutmeinendem, halb kritischem Spott, von den „Nordlichtern", die aus München alle Gemütlichkeit vertreiben.

„Während eines Spaziergangs im Hofgarten, Ende Oktober 1851, begegnete der König seinem Hofapotheker und erkundigte sich über dessen Aufenthalt in Gießen, über die Wesensart des Baron von Liebig und über die noch bestehenden Kontakte. Pettenkofer gab sofort zu, dass er mit Liebig lebhaft korrespondiere und in einer harmonischen Beziehung stehe. Mit ‚Mein lieber Freund' wurden die Briefe eröffnet und sie wurden beschlossen mit den Redewendungen: ‚von Herzen, ihr treu ergebenster...' oder ‚mit herzlicher Freundschaft, ganz Ihr Liebig'. Einmal schrieb der frühere Lehrer: ‚Sie machen mir mit jedem Ihrer Briefe eine große Freude, es drängt mich, Ihnen dies zu berichten.'"[32]

Folgende Stelle aus einem am 30. September 1849 von Pettenkofer an Liebig gerichteten Brief ist charakteristisch für den Umgang miteinander:

In Gießen ließ sich Liebig zu keiner Zusage erweichen, aber er sicherte wenigstens einen Besuch in München bei König Max II. zu. Schon zwei Monate später kam er nach München. Pettenkofer quartierte seinen Lehrer in der Apotheker-Dienstwohnung ein und zeigte ihm bei einer Rundfahrt Münchens Sehenswürdigkeiten, insbesondere die Neubauten, die König Ludwig I. ausführen ließ: Die Alte Pinakothek, die Propyläen, die Glyptothek, die Antikensammlung, die Hofbibliothek, die Universität und die Ludwigstraße. Maximilian II, empfing Liebig in Berg am Starnberger See zum Mittagstisch. Erst am Abend kam Liebig zu seinem Gastgeber zurück, er breitete seine Arme aus und berichtete freudig erregt: „Pettenkofer, ich bin schwach geworden, der Liebenswürdigkeit des Königspaares konnte ich nicht widerstehen. Jetzt freue ich mich selbst darüber: ab nächsten Oktober bin ich in München."

Pettenkoffer
Profess.
Munich

Noch weit später bekannte Liebig, dass er vom Liebreiz der Königin und dem Esprit des Königs rasch gefangen genommen war und seine Abneigung gegen einen Wechsel nach München dadurch schnell überwand.

Man kann sich vorstellen, wie groß der Triumph Pettenkofers war und wie überragend seine diplomatische Geschicklichkeit und seine Uneigennützigkeit. Er hätte wohl selbst Aussichten gehabt, Professor der Chemie zu werden. Sein Ansehen beim König sowie bei der Bürgerschaft erreichte neue Höhen.

Noch im Laufe des Jahres 1852 erfolgte Pettenkofers Ernennung zum ordentlichen Professor der medizinischen Chemie, für die auch Liebig seinen neu gewonnenen Einfluss in die Waagschale geworfen hatte.

Pettenkofer wurde bei Liebig bald in die biologische und chemische Forschung von tierischem Fleisch eingespannt. Dabei erfuhren sie wichtige Erkenntnisse über das Wachstum und die Mästung von Tieren.

33

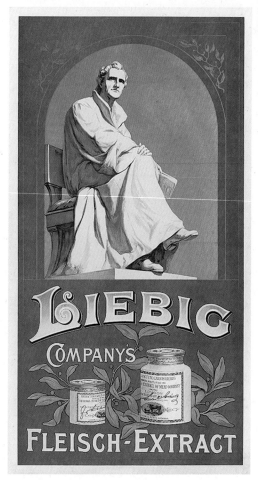

Fleischextrakt

Ein deutscher Ingenieur, Georg Christian Giebert, der in Brasilien Straßen baute, wandte sich 1850 an Liebig mit der Anfrage, was man wohl mit dem Fleisch der in Uruguay und Argentinien in enormen Mengen geschlachteten Rinder anfangen könne, von denen nur Häute, Talg, Hörner und Knochen verwendet würden. Liebig verwies ihn an Pettenkofer, der mit seinem Engagement in der Lage war, Ratschläge und Anweisungen zu geben, die schließlich zur Gründung der Liebig-Fleischextrakt-Kompanie führten. Dieser Fleischextrakt war im wesentlichen eingedickte Rindfleischbrühe und damit dauerhaft haltbar, anfangs mit dem Fleisch aus Südamerika, später auch mit Rindfleisch aus anderen Regionen.

Die Herstellung entwickelte sich ursprünglich in der Hofapotheke, die dem König gehörte, und Pettenkofer bat Liebig, bereits in München tätig, das Produkt der Hofapotheke „Liebigs Fleischextrakt" zu benennen. Liebig zögerte erst, aber stimmte dann doch zu.

Der Fleischextrakt wurde aus reinem Rindfleisch durch mehrere Kochprozesse gewonnen und zu einem Konzentrat eingedickt, das sich jederzeit mit Wasser und Hitze in eine nahrhafte Bouillon umwandeln ließ. Letztlich sollte dies dazu führen, dass die beiden Fleisch und in der Folge auch andere Lebensmittel so komprimierten und damit konservierten, um sie bei Bedarf mit Wasser und Hitze wieder in kostbare Nahrungsmittel umwandeln zu können.

Für Pettenkofer zählte der Fleischextrakt zu den allerbesten Genussmitteln, da es in seiner Zusammensetzung geradezu ein natürlicher Bestandteil unseres Körpers selbst sei: „Es ist von seinem Ursprung her ein unserem Organismus durch und durch befreundeter Stoff, der nichts enthält, was nicht ohnehin ein integrierter Bestandtheil jedes gesunden Körpers wäre."

Liebigs Fleischextrakt wurde zuerst in Amerika und in England zum Erfolg und hieß „Liebig's Extract of Meat Company Limited". Dieses Erzeugnis wurde in der Heimat eher argwöhnisch betrachtet, war aber der Vorläufer unserer heutigen Maggi- und Knorr-Pulver bzw. Brühwürfel. Ein Ableger ergab dann auch das Backpulver, der Vorläufer von „Dr. Oetker". Auf eine Vermarktung ihrer Erkenntnisse legten beide Wissenschaftler eher weniger Wert, sie waren schon wieder mit neuen Problemstellungen beschäftigt.

Ein Mann von der erfinderischen Begabung Pettenkofers hätte, wenn er industriellen und kommerziellen Einflüssen mehr gefolgt wäre, ohne Zweifel Millionen verdienen können, aber ein Vermögen zu machen, war nicht sein Ziel, dies schien dem vornehmen Geiste kein Lebenszweck zu sein. Sein Ehrgeiz war auf Höheres gerichtet, sein von Nächstenliebe erfülltes Herz trieb ihn an, seine Mitmenschen zu beschenken.

Eine ausführliche Beschreibung des Fleischextrakts befindet sich im „Arzneibuch für das Königreich Bayern". Der Verdienst der Einführung von Liebigs Fleischextrakt ist jedenfalls nur Pettenkofer zuzuschreiben, was aber bei jedem Tiegel, der in den Handel kommt, mit der Namensbezeichnung „Liebig" unterschlagen wird. Die Handelsnamen lauteten Meat Juice, Beef Tea, Oxo Buljong, Fleisch Pepton, Super Bouillon, und in Deutschland ab 1886 „Maggi".

In mehreren Ländern entstand eine wahre Flut von Sammelbildern, die als Beilage zum Kauf animieren sollten und in Alben geklebt wurden, zuerst in Amerika, dann in England, in Frankreich und später auch in Deutschland.

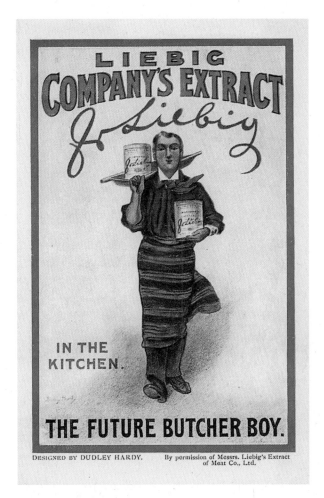

Kunstdünger

Die beiden Wissenschaftler forschten in ihren chemischen Laboren intensiv nach einer Verbesserung von landwirtschaftlichen Böden. Stallmist und Jauche schienen ihnen bei der intensiven Nutzung der Äcker nicht mehr den ausreichenden Ertrag zu garantieren. Liebig empfahl die Zufuhr von künstlichen Düngemitteln wie Kalisalz und Phosphat. In einer Versuchsreihe erwies sich der überdurchschnittliche Ertrag als Sensation. Weit über alle Grenzen hinaus ernteten sie Anerkennung und Ansehen. Einen finanziellen Gewinn mit ihrem neu entwickelten Kunstdünger zu machen interessierte die beiden wieder weniger. Sie strebten bereits nach neuen Herausforderungen und überließen das Geldverdienen anderen.

Nebenbei gelang Pettenkofer bei seinen Laborarbeiten die Herstellung einer Kupfer-Amalgam-Füllung für Zähne, damals ein herausragendes Forschungsergebnis für die Zahnbehandlung, das ihm auch wieder internationale Aufmerksamkeit bescherte.

Ein sauberes Denkmal

Die Freundschaft zu seinem Professorenkollegen und ehemaligen Lehrer, Liebig, währte sogar über dessen Tod hinaus. Dem Altmeister der chemischen Wissenschaft, der mit Pettenkofers Hilfe nach München geholt wurde, ließen die Stadtväter und dankbare Freunde nach seinem Ableben 1873 ein repräsentatives Denkmal errichten.

Das lebensgroße Marmordenkmal wurde von Michael Wagmüller gestaltet und nach dessen Tod von seinem Schüler Wilhelm von Rühmann vollendet, der später auch das Pettenkofer-Denkmal entwarf. Am ehemaligen Dultplatz, dem heutigen Maximiliansplatz, ist es am 6. August 1883 eingeweiht worden.

Einige Wochen später wurde die aus Carrara-Marmor gefertigte Statue von Vandalen mit Farbe beschmiert, sodass sich unabwaschbare schwarze Flecken an der gesamten Figur zeigten. Der oder die Täter waren wohl mit einer Leiter bewaffnet, weil eine erhebliche Menge von den dunklen Farbstoffen über den Kopf Liebigs ausgegossen war. Vergeblich fahndete die Polizei nach den Denkmalschändern.

Der Stadtrat beauftragte zunächst eine Kolonne von Gebäudereinigern damit, eine Säuberung durchzuführen. Mit Seife und Bürsten bearbeiteten diese den Stein, es blieb erfolglos, die hässliche Farbe haftete nach wie vor. Jetzt wurden Steinmetzmeister eingesetzt, die es mit Säuren und dann mit Laugen, schließlich mit Drahtbürsten bearbeiteten, es war alles vergebens, kein Reinigungsversuch half.

In der Bevölkerung machte sich lautstarker Unmut breit und in der Presse erschienen bissige und spöttische Artikel über die Ohnmacht der Behörden und das Versagen der Handwerker. Der Leiter des Bauamtes wandte sich nach diesen misslungenen Versuchen an Professor Pettenkofer und bat ihn um Rat.

Pettenkofer erkannte die Misere und zögerte nicht lange, seinem ehemaligen Lehrmeister wieder zu einer weißen Weste zu verhelfen. Persönlich schabte er einige Farbpartikel vom Marmor ab und unternahm Versuche in seinem Labor. Er erkannte die Bestandteile Silbernitrat und Kaliumpermanganat, wodurch die Entfernung mit Schwefelammonium und Zyankali möglich war.

Er fand die Mittel, um das Denkmal wieder erstrahlen zu lassen, und konnte so seinen verehrten Lehrer und Weggefährten von der befleckten Schande befreien (siehe Bild). Seine Studenten bestanden darauf, die praktische Denkmalreinigung zu übernehmen, aber der Professor ließ es sich nicht nehmen und säuberte höchstpersönlich mit Bürste, Schwamm und Lappen die plastische Darstellung seines geliebten Chemieprofessors. Die Statue zeigte sich anschließend wieder in ihrer ursprünglichen Reinheit und Schönheit.

Ob Herr Pettenkofer damals schon ahnte, dass er 26 Jahre später direkt gegenüber seinen eigenen steinernen Sitzplatz auf Dauer einnehmen würde?

Die Münchner Presse berichtete über den Erfolg der Denkmalreinigung. So wunderte es nicht, dass Max, inzwischen von Pettenkofer, in der Bevölkerung immer wieder als eine Art Nothelfer betrachtet wurde. Bei vielen außergewöhnlichen Gegebenheiten wurde er die Anlaufstelle für Ratsuchende.

Die Konstellation, wie Pettenkofer selbst Hand zum Reinigen anlegt, wurde am 24. April 2020 nachgestellt, als Thomas Hauzeneder brav die Statue des Gelehrten putzt. Thomas arbeitet seit 21 Jahren bei der Stadtentwässerung und ist der Neffe von zwei Urgroßnichten von unserem Max Pettenkofer, die später noch Erwähnung finden. Also hilft ein Abkömmling Pettenkofers wieder bei der Reinigung von Liebigs Denkmal, nur 137 Jahre später, was ist das schon in Anbetracht des Weltgeschehens?

Bild auf der linken Seite:
Blick auf die Max-Joseph-Straße am Maximiliansplatz mit den Denkmälern für Max von Pettenkofer (links, 1909) und Justus von Liebig (rechts, 1883 aufgestellt)

Bild oben:
Das Denkmal für Justus von Liebig wird gereinigt.

Pettenkofers vielfältige Arbeit

Über seine praktisch ausgerichteten Auftragsarbeiten hinaus fand Max von Pettenkofer bereits in den ersten Jahren seiner Professur Zeit, sich mit komplexen Problemen der Fachwissenschaft auseinander zu setzen. Und es ist bezeichnend, dass sich auch die folgende Arbeit nicht mit einem Thema der medizinischen, sondern der allgemeinen Chemie befasst.

Atom

Im Jahr 1850 vertiefte sich Pettenkofer in ein weiteres Forschungsprojekt, zunächst wenig beachtet und erst 50 Jahre später mit einer hohen Auszeichnung bedacht.

Anlass waren vage Andeutungen anderer Chemiker, die darauf hinwiesen, dass eine Anzahl von Elementen, die in ihrem Verhalten sehr ähnlich sind, eine auffallende Konstante in den Atomgewichten zeigen. Pettenkofer begnügte sich nicht mit diesen spärlichen Hinweisen. Er wollte elbst ergründen, ob die Andeutungen erhärtet werden und ob daraus Rückschlüsse auf atomare Verhaltensweisen getroffen werden könnten. Er stellte fest, dass zum Beispiel Chlor und Jod oder Kalium, Strontium und Barium eine auffallend konstante Differenz in den Atomgewichten aufweisen. Er fand andere Elemente, die in ähnlicher Weise sogenannte Triaden besitzen und deren Atomgewichte in Dreiergruppen sich nahezu glichen. Die regelmäßige Wiederkehr von Differenzen zwischen den damals bekannten Äquivalenzzahlen einzelner Körper zwang ihn zu der – damals revolutionären – Auffassung, dass die Unzerlegbarkeit der Elemente nicht der Wirklichkeit entspreche.

Am 12. Januar 1850 trug er unter dem Titel „Über die regelmäßigen Abstände der Äquivalenzzahlen der sogenannten einfachen Radikale" das Ergebnis seiner Forschung in einer Sitzung der mathematisch-physikalischen Klasse der Akademie der Wissenschaften vor. Pettenkofer war sich darüber im Klaren, dass sein Entdeckungsergebnis noch einer Kontrolle bedürfe, weil seinerzeit die Atomgewichte noch nicht genau bekannt waren.

Die Tragik Pettenkofers war es, dass seine Feststellungen zu diesem Thema in den „Gelehrten Anzeigen" der Akademie erschienen, mit einer geringen Auflage und damit nicht von den einschlägig arbeitenden Wissenschaftlern wahrgenommen wurden. Pettenkofers Antrag auf eine finanzielle Förderung zur weiteren Stützung seiner Hypothese lehnten die zuständigen Gremien ab. 200 Gulden wären das gewesen, die mit großem Bedauern nicht genehmigt wurden, da in dem normierten Etat eine Position für außerordentliche Ausgaben nicht gefunden wurde.

Pettenkofers Pionierleistung wurde erst fünf Jahrzehnte später durch einen Wiederabdruck in den angesehenen „Klassikern der exakten Wissenschaften" und in der Jubiläumsausgabe der Deutschen Chemischen Gesellschaft anerkannt und mit der Überreichung einer goldenen Medaille gewürdigt.

Grund der Ehrung war das 50-jährige Jubiläum seiner Mitgliedschaft bei der Deutschen Chemischen Vereinigung, und eine besondere Auszeichnung der Stadt München für seine Verdienste. Damals schrieb Professor Carl von Voit: *„Jetzt erst fand er die allgemeine Anerkennung und es wurde allseitig gewürdigt, dass er sich einen unvergänglichen Verdienst für alle Zeiten um die Chemie erworben hat."*

Die Theorie der Unzerlegbarkeit der Elemente war widerlegt. Er schuf damit eine Grundlage für das Periodensystem der chemischen Elemente und einen Ausgangspunkt für die Entwicklung der Atomforschung.

Gasbeleuchtung

Eine weitere technische Errungenschaft Pettenkofers aus dieser Zeit war die Herstellung von
Leuchtgas aus Holz. In vielen europäischen Ländern war das Steinkohlegas zur Beleuchtung von
Straßen und öffentlichen Gebäuden eingeführt
worden. Für Bayern war dieses Verfahren wegen
zu hoher Transportkosten unrentabel.

Nach mehreren Fehlversuchen, aus dem Rohstoff
Holz ein leuchtfähiges Gas zu machen, wandte
sich die Münchner Stadtverwaltung an Professor
Pettenkofer. Dieser gestand, dass ihm die Problem-
stellung vollkommen fremd sei, doch er versprach,
er werde sich gerne mit dem Thema beschäftigen.

Pettenkofer führte unverzüglich ganze Serien von
Gasanalysen durch. Er analysierte beim Brenn-
vorgang die Holzverkohlung und erhitzte die dabei
entstehenden Dämpfe weiter. Bindet man die
entstehende Kohlensäure durch trockenes Kalkhydrat, erhält man ein stark leuchtendes Gas als
Endprodukt. Er beeinflusste bei der Verkohlung
des Holzes in praktischen Laborversuchen die
störende Menge von Kohlensäure durch eine
genau bemessene Menge von Kalkhydrat und
erzielte damit eine gleichbleibende Leuchtkraft.

Die Stadt Basel wollte diese Pettenkofer-Holzgas-
beleuchtung als erste Stadt einführen, und lud ihn
hierfür ein. Bei der feierlichen Einführung der
neuen Straßenbeleuchtung in Basel, konnte diese
Methode nur sehr schwache Leuchtkraft zeigen.
Eine blamable Panne, die sich in Basel ereignet
hatte, sah Pettenkofer als persönliche Katastrophe
an, die geeignet war, ihn der Lächerlichkeit preis-
zugeben und seinen Ruf als Wissenschaftler zu
ruinieren. Als er schamerfüllt aus der Basler Festveranstaltung nach München floh, begab er sich
sofort in sein Laboratorium und grübelte über die
Mängel an Leuchtkraft in Basel. Gewissenhaft
überdachte er sämtliche Möglichkeiten und kam
zu dem eindeutigen Ergebnis, dass die Schweizer
Techniker ungeeignete Brenndüsen verwendeten.
Er verkürzte u.a. die Düsenöffnungen, womit
sogleich die Leuchtkraft abnahm. Umgehend
schilderte er das Ergebnis seines Experiments
den Basler Stadtvätern, die nach der erfolgten
Düsenerweiterung nun volle Zufriedenheit signa-
lisierten. Kurz darauf fand auch Pettenkofer seine
Gelassenheit wieder.

Pechpfanne (links) und
Holzgaslaterne (rechts)

Holzgasbeleuchtung am Zentralbahnhof

Die Erfindung war nun so ausgereift, dass sie in einigen Städten wie Würzburg, Heilbronn, Stuttgart, Karlsruhe, Regensburg angewandt wurde. Es entstanden meist gemeindliche Holzgasfabriken, aber auch einige größere Fabrikbetriebe errichteten eigene private Anlagen.

In München verhandelte er mit der Direktion der Königlichen Bayerischen Eisenbahnverwaltung, um das neue Bahnhofsgebäude in München mit Holzgasleuchten auszustatten. Die Direktion stimmte zu, und so war ab 1851 das ganze Bahnhofsareal in Helligkeit getaucht. Die Reisenden und die Bevölkerung bestaunten die Fülle des Lichts in gebührender Weise. In den Jahren, in denen die Gasbeleuchtung betrieben wurde, musste nicht ein einziges Mal die Notbeleuchtung, für die Kerzen bereitgehalten wurden, in Betrieb genommen werden.

Lebensprüfgerät

Pettenkofers ständige Beschäftigung mit der praktischen Gesundheitspflege umfasste zahlreiche Gebiete. Seit Langem schon bedrückte ihn die Tatsache, dass der Energieaustausch des Menschen beim Ein- und Ausatmen sowie bei der Ernährungsaufnahme und Ausscheidung nur ungenau gemessen werden konnte. In seinen Wunschträumen schwebte ihm vor, dass eine Apparatur errichtet werden könnte, durch die alle Körperfunktionen erfasst und aufgezeichnet werden, zum Beispiel alles, was der Mensch an Essen und Trinken einschließlich des Atmens braucht, also was er zu sich nimmt und er wieder ausscheidet, auch durch die Haut.

Noch enthielt kein Lehrbuch Ausführungen über Konstitution, den Schlaf, Fragen des Stoffwechsels, über die Möglichkeit der Bildung von Körperfett aus Zucker. Einen solchen Apparat wollte er für seine geplanten Untersuchungen entwerfen, umsetzen und betreiben. Er sollte einen vollständigen Einblick in die stoffliche Gesamtbilanz des Körpers und in die Leistungen der Nahrung geben.

Auf die Konstruktion dieser Einrichtung angesprochen, erläuterte Pettenkofer gegenüber Louise von Kobell, einer engen Vertrauten, sein Vorhaben: *„Diesen Apparat dachte ich mir als kleines Zimmer aus Blech mit Fenster und Thür, mit Tisch, Stuhl und Bett, in dem ein Mensch frei atmen und während einer Versuchsdauer von vierundzwanzig Stunden und darüber hinaus sich bewegen könne, ohne irgend lästigen Einflüssen ausgesetzt zu sein. Die Luft sollte in genau meßbaren Mengen durch das Zimmer geführt und fortlaufend, sowohl bei ihrem Eintritte, wie auch bei ihrem Austritte untersucht werden. Auf diese Weise konnte man bestimmen, was und wieviel der Mensch oder ein Tier durch Lunge und Haut der durchgehenden Luft mitteilt und entnimmt. Diesen Plan zu Ausführung zu bringen, überstieg doch in hohem Grade den für mein kleines Laboratorium bewilligten Etat (jährlich 500 Gulden), ich mußte um besondere Unterstützung nachsuchen und den Apparat von anderen begutachten lassen. Càrl v. Voit stimmte mir bei, aber mehrere Kollegen zögerten. Einer sagte sogar, das sei kein wissenschaftlicher Versuch, sondern eine ganze Fabrik.*

Selbst in vielen kleinen Städten entstanden Holzvergasungsanlagen, in München und Augsburg wurden durch Fabrikanten wie Anton Riemerschmid und Ludwig August Riedinger private Gasanstalten ins Leben gerufen worden.

Zuvor standen nur Kerzen zur Verfügung. Im 18. Jahrhundert installierte man bei Bedarf an Hausfassaden sogenannte Pechpfannen, gefüllt mit Talg aus Schlachtabfällen. Das war billiger als Öl, roch aber entsprechend ranzig. Ende des 19. Jahrhunderts erzeugte langsam der Strom, gewonnen aus Wasserkraft, das Leuchten der Münchner Straßenlaternen.

Bilder auf der linken Seite:
Gleishalle des Münchner Zentralbahnhofs mit der Beleuchtung durch Holzgas, die seit März 1851 betrieben wurde.
Der Zentralbahnhof bei Nacht, Postkarte um 1903
Bild oben:
Bahnhofsvorplatz, Postkarte um 1910

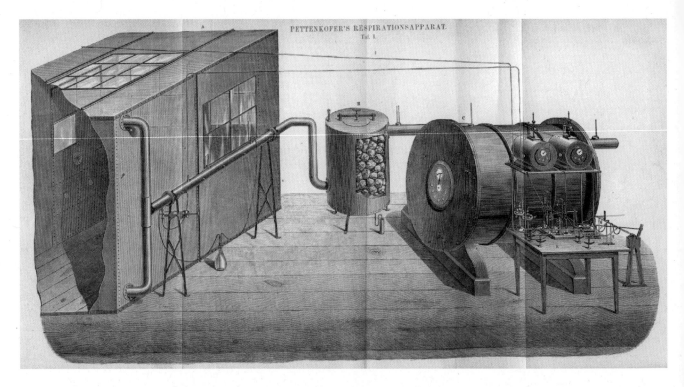

PETTENKOFER'S RESPIRATIONSAPPARAT.
Taf. 1.

Respirationsapparat von
Pettenkofer im Lehrbuch der
Physiologischen Chemie, 1867

*Da trat Liebig für mich ein und empfahl die Aus-
führung dem König Maximilian II. Nach Fertigstellung des Apparates, interessierte sich der König
so sehr für den selben, daß er selbst eine volle
Stunde darin zubrachte."*[33]

Für die notwendigen Messungen entwickelte
Pettenkofer geeignete Apparaturen aus: Mess-
geräte, pneumatische Apparate, Manometer und
sogar schon einen Kurvenschreiber, und legte sich
ein exaktes Messverfahren zurecht. Mit diesen
Geräten konnte er den Atmungsquotienten, der
das Verhältnis der Sauerstoffaufnahme zur Kohlen-
dioxydabgabe aufzeigte, genau ablesen. In diesem
„Respirationsapparat" konnte sich die Versuchs-
person frei bewegen.

Justus von Liebig leistete dazu bei einer Audienz
beim König gezielte Vorarbeit, indem er den
wissenschaftlichen Nutzen betonte. Maximilian II.,
als Freund der Wissenschaften, fragte Liebig
nochmals eindringlich, ob die Planung wirklich
ernst zu nehmen sei und gab, als der Befragte
dies bejahte, das Versprechen, die Kosten in Höhe
von 10.000 Gulden aus seiner Privatschatulle zu
übernehmen.

Geschickte Handwerker erbauten im Jahr 1860
ein kleines Blechhaus, luftdicht abgeschlossen mit
Bett, Tisch und Stuhl. Die komplizierten Mess-
geräte funktionierten reibungslos und im ersten
Versuch testete ein Hund erfolgreich alle Geräte.

Man konnte Luft zu- und abführen und durch
Gasuhren kontrollieren, ohne dass Masken kon-
struiert oder durch Schläuche geatmet werden
musste und damit das Ergebnis verfälschten.
Man bestimmte in der einströmenden und in der
ausströmenden Luft die Menge der Kohlensäure
und des Wasserdampfes, die das Individuum in
der Versuchszeit verarbeitet und ausgeschieden
hat. Zur Bestimmung organischer Stoffe in der
Luft folgte eine weitere komplexe Apparatur, in
der Wasser und Kohlensäure durch Verbrennung
von den restlichen Substanzen getrennt werden
sollten. Was wird aus den Nahrungsmitteln in
unserem Körper, was wird ausgeschieden durch
Kot und Urin und spurenweise durch Hautschup-
pen? Untersuchungen an Kranken folgten. Daraufhin wurden alle wichtigen Fragen der Abgabe von
Wärme hierdurch gelöst, vor allem, wie sich der
menschliche Körper damit abfindet, dass er
dauernd Wärme produzieren muss, um am Leben
zu bleiben. Wenn man körperliche Arbeit leisten
muss, hat der Körper dafür zu sorgen, dass er

Luise von Kobell (1827–1901), Schriftstellerin

dadurch nicht auf Fiebertemperatur steigt. Mit dem Respirationsapparat konnte genau festgestellt werden, dass, sobald es notwendig wird, Wasserdampf von der Haut zunächst in unmerklicher Weise, erst später durch Schweiß abgegeben wird, und wie viel das ist. Der Körper hilft sich durch stärkere Verbrennung, bei starker Arbeit, und auch wenn kühlere Temperatur herrscht. Pettenkofer und Voit gelang es in den folgenden Jahren, ihre bahnbrechenden Untersuchungen zur Physiologie und Biologie des Menschen durchzuführen. Jetzt war es möglich, die Prozesse des Stoffwechsels und der inneren Sekretion sowie die Veränderung des Säuren- und Basenhaushaltes des menschlichen Körpers zu entschlüsseln.

Über die Wirkung der Kleidung auf die Gesundheit hat man sich bisher wenig gekümmert. Wärmeverhalten, Luftdurchlässigkeit, Material, Schnitt, Verträglichkeit, Körpernähe und Waschverhalten gaben genug Anlass zur Forschung. Pettenkofer stand bereit. Sein Augenmerk lag auch auf dem Wohnen, der Reinlichkeit, dem Einfluss der Luft, auf allem in Bezug auf Hygiene und Gesundheit. Andere genaue Erkenntnisse betrafen Krankheitsvorgänge bei Leukämie und bei Diabetes sowie bei Magen- und Darmleiden.

Louise von Kobell war Schriftstellerin und Tochter von Pettenkofers Freund, Franz von Kobell, Mineraloge und Mundartdichter.
Von Kind an nahm sie am Hof- und Bürgerleben in München teil. Jahrelang lebte sie in einer Dienstwohnung in der Residenz, denn ihr Mann, August von Eisenhart, war Sekretär von Ludwig II.
Eine Auswahl ihrer Werke: Münchner Porträts, Die Könige von Bayern, Franz von Kobell.
Ihr Grab befindet sich im Alten Südlichen Friedhof.

Gutachten zum Augsburger Gottesacker

Im Frühjahr 1863 trat der Magistrat der königlich bayerischen Kreishauptstadt Augsburg an Pettenkofer heran und bat um ein Gutachten zur geplanten Verlegung des katholischen Friedhofs vor die Tore der Stadt. Die Sanitäts-Polizei und die katholische Kirchengemeinde hatten unterschiedliche Vorstellungen. Beide Seiten führten wichtige Gründe an, die Sanitäter zur Verlegung und die Kirche zum Erhalt des Friedhofes. Pettenkofer sah sich in einer äußerst kniffligen Verantwortung, hier die öffentlichen Gesundheitsfragen mit unparteiischer Strenge auszulegen. Er schrieb in seinem Gutachten, dass diese Sache ihn innerlich mehr beschäftige, als man nach der Kürze des Gutachtens über 16 Seiten bemessen kann.

Auszüge aus dem Gutachten von Pettenkofer:
„Es ist Aufgabe des Kulturlebens, den Streit verschiedener Interessen, wo er sich ergibt, schlichten zu lernen, und solche Schranken zu setzen, welche der Entwicklung des Ganzen am förderlichsten sind; ein schrankenloses Vorrecht ist nicht minder verderblich fürs Allgemeine, als ein rechtloser Zustand."

„Wodurch kann ein Gottesacker schädlich auf die Gesundheit seiner nächsten Umgebung wirken? Diese Frage ist einfach zu beantworten: wesentlich nur durch Verunreinigung des Wassers und der Luft, denn nur diese beiden Stoffe bilden das materielle Band, welches menschliche Wohnungen und Gottesäcker verbindet."

In seinen Untersuchungen analysierte er die Anzahl der Gräber, also der Leichenäcker, den Regen, das Sickerwasser, das Grundwasser, die Verwesung, die Fäulnis, die Bodenbeschaffenheit, die Abortgruben, Leichengase und Winde, chemische und physikalische Reaktionen und auch das menschliche Gefühl. Alles wird mit einbezogen in seine Abwägungen:

„Die Chemie unterscheidet seit Liebigs Arbeiten hierüber jetzt scharf die beiden Begriffe Fäulnis und Verwesung. Fäulnis ist ein Zersetzungsprozess organischer Substanzen, eine Entmischung bei Gegenwart von Wasser, während bei dem Verwesungsprozess die Luft, und namentlich der Sauerstoff der Luft eine hervorragende Rolle spielt und einen mächtigen Anteil an der Bildung der Produkte der Verwesung nimmt. Die Vorgänge zersetzen eine Leiche im schweren, nassen Lehmboden langsamer und mit mehr Fäulnis als in einem lockeren Kiesboden, der eine rasche Verwesung unterstützt."

Gutachten

über die

Verlegung des katholischen Gottesackers

in

Augsburg.

Augsburg, 1864.
Gedruckt bei A. Volkhart.

Augsburg-Pfersee.   Krematorium a. d. Westfriedhofe.

Bild auf der linken Seite:
Titelblatt des Gutachtens
von Max Pettenkofer zum
Augsburger Friedhof

Bild oben:
1874 wurde der neue West-
friedhof in Augsburg-Pfersee
angelegt.

„Die Interessen des Lebens sind mächtiger als die Scheu vor den Toten und das Leben drängt menschliche Ansiedlungen auch hart an die Mauern der Kirchhöfe. Dieser Umstand ist gegenwärtig auch in Augsburg ins Leben getreten. Diese Entwicklung drängt die Stadt nach dem gegenwärtigen katholischen Gottesacker hin, es werden dort Häuser gebaut und Wohnungen bezogen, trotz der Nähe des Kirchhofes und trotz des zeitweisen Fäulnisgeruches der Luft und trotz der Scheu der meisten Menschen vor solchen Dingen. Die Scheu vor dem Leichenacker und die Verehrung für die Toten sind beides menschliche Gefühle. Ohne Prophet zu sein, läßt sich mit Bestimmtheit voraussagen, auf welche Seite sich der Sieg neigen wird, der Gottesacker wird den Interessen des Lebens weichen."

Zusammenfassend schreibt Max Pettenkofer am 6. Januar 1864:

„Nach meiner Überzeugung soll jeder katholische Bürger Augsburgs, dem das Gesamtwohl der Stadt am Herzen liegt, freudig seine Zustimmung zur Verlegung des gegenwärtigen Gottesackers geben. Der Platz, welcher bereits dafür in Aussicht genommen ist, erscheint mir vorzüglich geeignet, und ich erkläre mich in dieser Beziehung mit dem Gutachten des Herrn Bezirksarztes Dr. Kerschensteiner in allen Punkten einverstanden."[34]

Pettenkofer, der Schlangenbändiger

Es dürfte kaum etwas geben zwischen Himmel und Erde, worüber Pettenkofer im Laufe der Jahre nicht um Rat gefragt worden wäre. Sogar der Schlangenbändiger musste er einmal sein.

Ein Herr Johann Baptist Gassner richtete im Frühjahr 1881 für seine Zurschaustellung von Seltsamkeiten und Tieren aus aller Welt ein Zoologisches Museum in München ein. Dieses Haus wurde nach seinen Vorstellungen mit Grotten im Keller, Ausstellungsräumen, Vortragssaal und Restauration errichtet.

Dieses Raritätenkabinett am Färbergraben mit dem Namen „Münchner Aquarium" umfasste vor allem exotische Tierarten, mehrere Aquarien mit insgesamt 78.000 Liter Seewasser, einen Saal für 2.000 Besucher, ein Panoptikum, Vogelhäuser, Schlangenkäfige, Figuren, Reliquien, Totenmasken von Persönlichkeiten und alle möglichen weiteren Sonderbarkeiten.

Eine Woche vor der Eröffnung der Gassnerschen Sammlungen erhielten die königlichen Prinzen Luitpold und Ludwig mit ihren Familien in dem Haus am Färbergraben eine Sonderführung und äußerten wohlwollend ihre Zufriedenheit. Auch der Polizeidirektor und der Bürgermeister Alois von Erhardt erkundigten sich vor Ort über das neue Institut.

In diesem Kuriositätenbau ist am 7. März 1882 eine hochgiftige Schlange entlaufen und verkroch sich wohl in irgendeinem Winkel des weitläufigen Etablissements. Durch eine polizeiliche Verfügung musste das Unternehmen sofort geschlossen werden.

Zoologische Fachleute aus halb Europa konnten keine Methode nennen, wie das hochgiftige Reptil, eine Brillenschlange, wieder eingefangen werden könnte. Auch die Behörden überlegten, konnten aber dem Tiermuseumsbesitzer nicht weiterhelfen. In seiner Not wandte sich Gassner an Pettenkofer und bat ihn händeringend um Hilfe.

Bilder rechts und auf der rechten Seite:

Münchener Aquarium von Johann Baptist Gassner im Färbergraben 24.

Andenkenheft mit Muscheln und Meerjungfrau

Postkarte mit einer Außenansicht und Zeitungsinserat

Diesen Auftrag betrachtete der Professor wirklich als Kuriosum. Nach kurzer Besinnung sagte er zu, weil die gefährliche Giftschlange auch eine allgemeine Gefahr darstellte. Er traute sich aber nicht zu, die Schlange lebend einzufangen. Zuerst müsse er einen Versuch mit einem ähnlichen Reptil unternehmen. In einem gesonderten Raum mit dieser Testschlange begann er unter entsprechender Hitze mit einer Ausschwefelung des Zimmers. Es dauerte ziemlich lange, bis sich bei der starken Rauchentwicklung das Tier nicht mehr bewegte und angenommen werden konnte, dass es verendet sei. Als der angebliche Kadaver in einen warmen Raum gebracht wurde, verging nicht viel Zeit bis das Tier sich wieder munter bewegte. Pettenkofer erkannte, es müsse am ungeheizten Raum im Winter, also an der niedrigen Temperatur, liegen. Die Kälte setzte die Lebensfunktionen wohl so herab, dass die Wirkung wie bei einem Winterschlaf eintrat. Den Versuch wiederholte er bei einer Raumtemperatur von plus 24 Grad, wobei das Tier nach 10 Minuten verendete.

Münchener Aquarium.

Heute und täglich geöffnet von 9 Uhr Früh bis 7 Uhr Abends.
Neu ausgestellt: 2777
„Die theuerste Schlange der Welt, die wiedergefundene
Brillenschlange."
Entree: Mk. 1.— Im Abonnement und Militär 30 Pf.

Jetzt wurden die in Frage kommenden Räume am Färbergraben nacheinander von den anderen Tieren befreit, entsprechend geheizt und der Angriff mit der schwefelhaltigen Säure gestartet. Im dritten Raum, der vorgenommen wurde, war der Schwefel kaum entzündet, als die Schlange schon nach wenigen Minuten zum Vorschein kam und vor den Augen der Betrachter verendete. Nachdem die entwichene Giftschlange aus ihrem Versteck schlich und leblos am Boden lag, hob die Polizei die verfügte Schließung des Tiermuseums wieder auf. Das giftige Tier wurde jetzt vom Besitzer der Tierschau in einem Glasgefäß mit Spiritus konserviert.

Münchner Aquarium

Nachempfundene Ehrenkarte für Max von Pettenkofer als Eintritt in das Münchner Aquarium. Zeichnung von Karl-Heinz Kühle, 2021

Daneben stand ein Schild: „Das ist die teuerste Schlange der Welt!" Das war eine Anspielung auf die polizeiliche Schließung sowie die kostspieligen Gutachten der angeblichen Sachverständigen. Gassner bot Pettenkofer für die Rettung seines Unternehmens einen größeren Geldbetrag an, doch der Professor lehnte freundlich, aber doch sehr bestimmt ab. Nach einiger Zeit meldete sich der Tierschaudirektor erneut bei Pettenkofer. Er hätte mit einem Künstler eine geschmackvolle Ehrenkarte gestaltet, die „lebenslänglich" zum kostenlosen Eintritt ins Gassnerische zoologische Museum berechtigte. Pettenkofer nahm diese Ehrung mit einem fröhlichen Lachen entgegen. Gerne hätte ich jetzt hier eine Abbildung dieser sicher entzückenden Ehrenkarte präsentiert. Nach langer Suche hab ich doch noch ein „Duplikat" aufgestöbert.

Wiederum erschienen in den Zeitungen ausführliche Berichte über den kuriosen Auftrag. Diese Veröffentlichungen haben das Publikum auf das Tiermuseum so aufmerksam gemacht, dass jeder die „teuerste Schlange der Welt" besichtigen wollte.

Der Besucheranstieg konnte den entstandenen Schaden wenigstens teilweise wiedergutmachen. Auf Dauer blieb dem Aquarium jedoch der Erfolg versagt. Am 4. November 1883 kündigte Gassner das unwiderrufliche Ende seiner Tierschau an.

Nach der Schließung von Gassners kuriosem Aquarium dauerte es einige Jahrzehnte, bis 1937 wieder ein Kuriosum, das Panoptikum von Karl Valentin, mit absonderlichen Ausstellungsstücken und Darbietungen wie Couplets und Theaterstücken im Färbergraben eröffnete.

Gemäldekonservierung

Max von Pettenkofer,
Gemälde von Friedrich August
von Kaulbach, 1901

Artothek, Bayerische Staats-
gemäldesammlungen,
Neue Pinakothek

Der von der bayerischen Regierung eingesetzten Kommission zur wirksamen Gemäldekonservierung gehörte neben vier Räten aus dem Kultusministerium und einigen Malern auch der Botaniker Radlkofer an. Dieser stellte fest, dass Schimmelpilze nicht die Ursache der Schäden waren.

„Als Chemiker hätte Justus von Liebig einen Platz in der Runde einnehmen sollen. Doch dieser lehnte ab, angeblich aus Zeitmangel. Er schlug an seiner Stelle Pettenkofer vor, der aber auch entschieden ablehnte. Nun schickte man Liebig zu Pettenkofer, dieser möge sich doch zur Mitarbeit in der Kommission bereitfinden. Liebig redete seinem ehemaligen Schüler gut zu und meinte: „Nehmen sie doch an, mir zuliebe. Sie brauchen ja in den Sitzungen keine Lorbeeren zu ernten". Aus Zuneigung zu seinem ehemaligen Lehrer erklärte Pettenkofer jetzt seine Bereitschaft zur Mitarbeit."[35]

Er ging als Kommissionsteilnehmer von einem ganz anderen Standpunkt aus. Nicht chemische, sondern physikalische Ursachen seien schuld. Pettenkofer äußerte scharfe Kritik am Vorgehen bisheriger Kunstrestauratoren, denen er nicht nur mangelnde Kenntnis der molekularen Zusammensetzung der Ölbilder, sondern auch eine ungerechtfertigte Veränderung alter Meister vorwarf:
„Materiell betrachtet sind Ölgemälde von Raphael, Tizian, Rubens und anderen unsterblichen Meistern nichts anderes, als mit Ölfarbe angestrichene Leinwand oder Holz, was jeder Tüncher auch thut. Es ist der einzige Unterschied, dass, wenn uns das Wetter oder der Zahn der Zeit die Farbe eines Gartenzauns, eines Stuhles oder Thürgerüstes verwüstet hat, wir auf seine Erhaltung im Originalzustande keine so ängstliche Sorgfalt zu verwenden haben, da wir leicht wieder einen hinlänglich geschickten Mann finden, der die Malerei restauriert, d. h. die Gegenstände abkratzt, putzt und wieder frisch anstreicht, sozusagen eine neue Copie auf der alten Unterlage wieder herstellt. Unter den Bildrestaurateuren aber werden die Raphaels, Rubens etc. aller menschlicher Wahrscheinlichkeit nach immer sehr selten sein, obschon sich gegebenenfalls jeder unbedenklich dafür hält und von Galeriedirektoren, Gemäldebesitzern, Kunstfreunden, Kunstgelehrten und

Besonders bekannt wurde der Name Pettenkofer in Künstlerkreisen durch sein Regenerationsverfahren für Ölgemälde. Seit Langem war bekannt, dass die Werke großer Maler keine vergleichbare Haltbarkeit haben, wie viele Werke der Bildhauer. Etliche Münchner Zeitungsartikel machten 1861 darauf aufmerksam, dass in den Pinakotheken und in der Schleißheimer Galerie die Bilder stellenweise oder ganz ihre Farbe verloren, unansehnlich wurden und wie verschimmelt aussahen. Man sagte, sie springen, dunkeln, werden grau und reißen. Restaurateure versuchten das Einreiben mit Öl, was aber nur kurze Zeit wirkte, oder sie betätigten sich in barbarischer Weise, indem sie die Bildoberfläche abkratzten und schadhafte Stellen übermalten. Einige Rubens-Gemälde im Louvre wurden so „restauriert", nein, geschunden und traktiert. Noch heute kann man in Katalogen finden, welche Bilder früher so misshandelt wurden.

Kunstbeschützern auch dafür gehalten wird. Aber auch wenn der Restaurator ein zweiter Tizian wäre, so ist sein Anstrich kein Original des ersten Tizian mehr. [...] Die meisten Konservatoren, die ihr Verfahren nicht nur für unschädlich, sondern sogar für zuträglich und heilsam erachten, haben aber weniger ein Mittel zur Herrichtung als zur Hinrichtung von Ölgemälden angewandt."[36]

Pettenkofer erkannte demnach, dass die Ölgemälde durch feinste Risse verderben. Das Licht bricht durch die porösen Medien und erzeugt den trüben Anblick. Als Beispiel sei genannt das schummrige Bild von pulverisiertem Glas sowie stark geschütteltem Wasser oder Öl. Wird das Glas wieder geschmolzen und das Öl und Wasser beruhigt, fügen sich die Teilchen zusammen und ergeben ein klares durchsichtiges Aussehen. Je nach Temperatur und Feuchtigkeit in den Räumen entstehen diese mikroskopisch kleinen Risse und Blasen, die bis zum Grund des Gemäldes dringen und eine undurchsichtige Wirkung erzeugen.

Pettenkofer wollte den molekularen Zusammenhang der Bindemittel wieder herstellen, also die Veränderungen wieder rückwärts zum Ursprung führen, ohne schädliche Nebenwirkungen hervorzurufen. Das erreichte er durch eine Reinigung mit Kopaivabalsam und Ammoniak und einer weiteren Behandlung mit dem äußerst langsam trocknenden Harzfirnis, der eine Quellung der Substanz bewirkte, je nach Beschaffenheit der einzelnen Bilder. Mit Alkoholdämpfen unterstützt, in einer ausgeklügelten Prozedur, wurde das Material ganz zart, schichtweise aufgetragen und beim Verarbeiten gewissenhaft behandelt. Sein Regenerationsverfahren erforschte er an Bildern aus der Gemäldesammlung in Schleißheim und aus der königlichen Pinakothek in München. Auch trübste Bilder wurden wieder so leuchtend, als wären sie eben erst entstanden. Die Wirkung fand höchste Anerkennung bei der Kommission und der Kunstakademie, bei den Sachverständigen rief sie anerkennendes Erstaunen hervor.

In Erfinderfreude schildert Pettenkofer, wie das Verfahren bei einem Bild des flämischen Malers, Jan Gossaert, (gen. Mabuse) beim ersten Mal

zwar versagte, wie beim zweiten Mal eine geringe Verbesserung zu bemerken war, und nach 30 Behandlungen die Farbe die volle Intensität erlangte. Wenn wir heute alte Gemälde in voller Farbenpracht bewundern können, haben wir es Pettenkofer zu verdanken. In London und Paris, ja weltweit, erregte seine Erfindung größtes Aufsehen. Das Verfahren wird noch heute angewendet. Man nannte es lange Zeit „pettenkofern", gelegentlich auch heute noch.

Es ist klar, dass sich bei einem Manne wie Pettenkofer und in einer Stadt wie München ein reges Verhältnis zu Künstlern und Dichtern entwickelte. Gerade das Regenerationsverfahren zum Erhalt der Ölgemälde hatte ihm viele aus diesen Kreisen zu Freunden gemacht. Ein Kopf wie seiner, innerlich von feinster Bildung und größtem Interesse, äußerlich ein Charakterkopf eignete sich auch als begehrtes Modell vieler Maler. Künstler und Literaten wie Piloty, Kaulbach, Defregger, Kobell, Hildebrand, Heyse, Clara Ziegler und Lenbach standen ihm, sehr nahe, einige porträtierten ihn auch oder setzten ihm ein literarisches Denkmal.

Max von Pettenkofer, Gemälde von Friedrich August von Kaulbach, 1896, Tempera auf Leinwand bpk/Museum der bildenden Künste, Leipzig, Foto: Hugo Maertens

Franz von Kobell (1803–1882), Mineraloge und bayerischer Mundartdichter, Fotografie von Franz Hanfstaengl

Dem Publikum zeigt es ein angenehmes, sorgenfreies und liebenswürdiges Jenseits und ein heiteres Bühnenbild fürs nächste Dasein. Bei akademischen Feierlichkeiten ist Kobell ganz in seinem Element. Zu einer Stiftungsfeier der Ludwig-Maximilians-Universität 1865 lässt er es sich nicht nehmen, mit einer Hymne den „Magnificus", Pettenkofer und dessen Regenerationsverfahren zu ehren:

Mit vielen seiner Freunde aus den Künstlerkreisen pflegte Pettenkofer einen stets höflichen, aber auch humorvollen und zum Teil auch hintersinnigironischen Umgangston. Immer war er sehr bedacht, zu jedem Anlass die richtigen Worte zu wählen. Nichts schien ihm unangenehmer als in seiner nahen Umgebung eine unseriöse, arglistige, doppelzüngige Stimmung anzutreffen.

Eine besondere Variante von Kunstfertigkeit zeigt sich bei einem Weggefährten von Max von Pettenkofer, Franz von Kobell, 1803-1882. Kobell war Professor für Mineralogie an der Universität München und seit 1827 Mitglied der Bayerischen Akademie der Wissenschaften. In Erinnerung blieb er aber vornehmlich als Bayerischer Mundartdichter, Schriftsteller und Musiker. 1871 erschien seine berühmteste Schöpfung, die „Gschicht vom Brandner Kaspar". Diese Mundarterzählung, in der ein bayerischer Schlosser und Jagdgehilfe am Tegernsee dem Tod beim Kartenspiel mittels „Kerschgeist" ein Schnippchen schlägt und sein Leben verlängert, wurde mehrfach verfilmt und an den Münchner Theatern aufgeführt.

Magnificus.

Wie hat Magnificus gelernt
Das Bilder-Restauriren,
Das will ich Euch, so gut ich kann,
In Kürze expliciren.

Er sah an manchem alten Kopf
Der lieben Herrn Collegen
Ein jugendliches Farbenspiel
Beim Becherklang sich regen,

Er sah von edlen Weines Macht
Den Staub der Jahre schwinden
Und jeden wieder frischen Glanz
In seinem Hauche finden.

Da dachte der Magnificus,
Es ist an diesem Wunder
Das Agens nur der Spiritus,
Das Andere ist Plunder.

D'rum dampfte er gleich Alkohol
Auf alte Wouvermänner,
Die ganz verwittert und vergilbt
Unkenntlich jedem Kenner,

Und sieh! Das Wunder hat gewirkt,
All' sind sie jung geworden
Und spielten wieder Farbenglanz
In herrlichen Accorden.

So lernt denn d'raus, am Weine nun
Euch doppelt zu erfreuen
Und laßt uns seinen Spiritus
Dem Rector heute weihen.[37]

Die Cholera bewegt Pettenkofer ein Leben lang

Der Münchner Glaspalast im Alten Botanischen Garten, Lithografie, um 1855

Im Jahr 1854, zur Industrieausstellung in München, herrschte großes Gedränge auf den Straßen, im Umfeld des Glaspalastes und in der Bahnhofsgegend. Herbert Schrader berichtet: *„Es dreht sich um Dampfturbinen, Lokomotiven und Maschinen, die hundert- und tausendmal so viel leisten wie ein Mensch und um viele andere Wunderdinge, die in den Hallen gezeigt werden.*

Mitten im Menschenstrom kämpften sich zwei Herren gesetzten Alters langsam, mit bedächtigem Schritt vorwärts. […] ‚Sieh da, die Herren Chemiker gehen zu Fuß.' Der Ruf kommt aus einer hochrädrigen Kutsche, die im Gewühl steckengeblieben ist. Ein rundes Bauerngesicht mit üppigem Schnauz- und Kragenbart zeigt sich am Wagenfenster: ‚ Steigen Sie nur ein, für Herrn Justus von Liebig und Herrn Christian Friedrich Schönbein habe ich immer noch Platz'. Liebig winkt ab: ‚Wenn Sie es so eilig haben wie wir, Pettenkofer, dann steigen Sie lieber aus, per pedes geht's heute schneller'.

„Sieh an, Herr Professor von Liebig hat's eilig", gibt Pettenkofer zur Antwort, *„dabei hat er mir letzthin am Stammtisch erzählt, dass er die Eile in Gießen gelassen hätte. Warum drängt's nun schon wieder?"* *„Weil es zum Essen geht, lieber Pettenkofer",* schmunzelt Liebig. Mit einem Satz ist der noch jugendliche Pettenkofer aus dem Wagen gesprungen. *„Ich mache Ihnen einen Vorschlag. Kommen Sie mit zu mir, Köchin Resi hat Sauerbraten mit Knödel bereitgestellt, die Gäste, für die der Braten bestimmt war, sind ausgeblieben. Und nun weiß sie nicht, wohin mit der Furage".*

Pettenkofer wartet gar nicht erst die Zustimmung der beiden Älteren ab. Er gibt dem Kutscher den Auftrag, die Karosse in die Residenz zu fahren, und bahnt ihr mit seinen derben Fäusten einen Weg durch das Menschengewimmel. Durch die Kaufinger- und Theatinerstraße gelangen die drei Professoren zur Residenz.

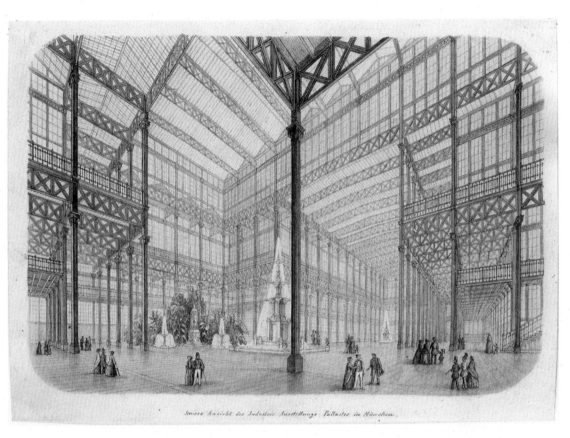

Glaspalast, Innenansicht,
Lithografie, um 1855

Als königlichem Hofapotheker steht ihm das Recht zu, mit seinem Fürsten unter einem Dach zu wohnen. Die Wohnung ist geräumig und recht prunkvoll. Die Hofapotheke wirft gute Einnahmen ab. Das Tischgespräch bestreitet Liebig fast allein. Der Gelehrte ist von dem Trubel der internationalen Industrieausstellung wie berauscht. Das großzügige München hat ihm vom ersten Augenblick zugesagt. Als Liebig weiter von der Ausstellung schwärmt, wird der ewig lebhafte und heitere Pettenkofer mit einem Male nachdenklich und Liebig fragt ihn nach der plötzlichen Verstimmung. *„Ich will Ihnen nicht die Festfreude verderben"*, erwidert Pettenkofer, *„aber es ist etwas so Ernstes geschehen, dass ich mit meinen Gedanken nicht davon loskomme. Erschrecken Sie nicht, wir haben einen Cholerafall in der Stadt. Es soll möglichst lange geheim bleiben, wenn es sich überhaupt geheim halten lässt. Das Fatale ist zudem, dass der Kranke als Portier in der Ausstellung dient."* *„Was haben Sie bisher unternommen?"* *„Der Patient ist isoliert worden. Ich hab*

den König um eine Audienz gebeten, er wird mich heute Nachmittag empfangen."

Die Tochter des Hofapothekers, ein schmales, schüchternes Kind, bringt aus dem Nebenzimmer die Zigarren und bietet sie mit freundlichem Lächeln an.

„Und was soll nun werden?" fragt Liebig. Pettenkofer hebt die Schultern. *„Wir müssen eine Panik vermeiden. Angst und Kopflosigkeit können schlimmer sein als die Seuche."* [...] Pettenkofer stößt dicke Rauchwolken aus. *„Es ist der Fluch unserer Zivilisation. Sehen Sie sich unsere Städte an, wie sie aus dem Boden schießen, während in gesundheitlicher Hinsicht alles beim Alten bleibt. Wir leben in unserem eigenen Dreck."*

„Ihre Lieblingsthese, Pettenkofer" meint Liebig lächelnd, *„aber ich stimme Ihnen zu, wo Unrat ist, muss sich ein chemischer Stoff entwickeln, der in die Luft entweicht."*[38]

Professor Max Pettenkofer hat an diesem Nachmittag auf lange Zeit hinaus seine letzte Erholungsstunde gehabt. Die Ereignisse überstürzen sich. Längst ist in der ganzen Stadt bekannt geworden, dass die Cholera ausgebrochen ist. Mehrere Patienten wurden choleraverdächtig in die Krankenhäuser eingeliefert. Viele auswärtige Gäste haben sofort ihr Hotelzimmer gekündigt und warten am Bahnhof auf den nächsten Zug.

König Maximilian II. zeigt sich gelassen, als er Pettenkofer nachmittags im Hofgarten empfängt. Er ist sieben Jahre älter als der Professor, aber das von schwarzen Koteletten eingerahmte zarte Gesicht wirkt noch jugendlich.

„Aber lieber Pettenkofer" unterbricht der König den ernsten Bericht, *„das ist doch alles kein Grund zur Aufregung. Wir haben die besten Ärzte hier, wir haben einen Forscher wie Professor Pettenkofer. Warum sollten die Fremden sich vor der Cholera fürchten und abreisen?"* „Majestät, diese Stadt ist … ist ein … ein Misthaufen, Pettenkofer. *Nicht wahr, das wollten Sie doch sagen? Sprechen Sie es ruhig aus. Erzählen Sie es überall, damit jeder es erfährt, dass Sauberkeit der beste Schutz gegen die Cholera ist."* [...] Des Königs Hoffnung erfüllt sich nicht. Am Abend gleicht München einem aufgestöberten Ameisenhaufen, von festlicher Stimmung ist nichts mehr übrig. Bedrückt rennen die Leute durch die Straßen, der Bahnhof wird von dichten Menschenmengen belagert. Es geht nur darum, möglichst schnell aus der Stadt zu gelangen.

Cholera

Die Cholera war schon ca. 500 v. Chr. bekannt, lange Zeit grassierte sie überwiegend in ärmeren Gegenden, in Arbeiterquartieren und dichter Besiedlung bei engen Wohnverhältnissen.
In Europa kannte man die Seuche zunächst überhaupt nicht. Erst im Jahre 1817 begann sie von Indien schnell in andere Länder und Erdteile vorzudringen und im Laufe von 6 Jahren weite Gebiete Asiens zu verseuchen. Danach erlosch sie, ohne dass man eine Ursache dafür hätte feststellen können. Während der Jahre 1826 bis 1837 überflutete sie dann den größten Teil der Erde. Die Cholera hatte epochenweise alle Teile der Welt im Griff.

„Der Praeservativ-Mann gegen die Cholera„ um 1831

Ein als Affe verkleideter Quacksalber bietet Metallplatten und Pfefferminz als vermeintliche Mittel gegen die Cholera an:

„Nur eine Metall-Platte, wie ein Teller groß, auf die Herzgrube gelegt und brav Pferremünz genoßen, dann, ihr lieben Leutchen hat´s gar keine Gefahr!"

Gebet

nach Abwendung der uns betroffenen Trauertage im Winter 18⅗.

Die Schrecken von Epidemien im 19. Jahrhundert, auch in Europa, waren also nichts Ungewöhnliches. Lepra und Pest, Syphilis, Pocken und Tuberkulose hatten zu unterschiedlichen Zeiten ihre zahlreichen Opfer gefordert und waren im allgemeinen Bewusstsein präsent. Und dennoch wurde die Cholera, die 1830 erstmals die Ostgrenze Europas überschritt und kurz darauf den gesamten Kontinent heimsuchte, als eine besondere Herausforderung erlebt. Deren Symptome, wie das stürmische Erbrechen, der nicht enden wollende Durchfall und der rasche körperliche Verfall wurden als extreme Bedrohung erlebt. Dazu kam, dass die Medizin der Seuche hilflos gegenüberstand. Eine wirksame Therapie gab es nicht und über die Ursache stritten sich die Gelehrten.

Im Jahr 1836 herrschte in München eine schwere Choleraepidemie. Als 17-jähriger pflegte Pettenkofer einen Mitschüler, der in seinen Armen an der Cholera starb. Pettenkofer befasste sich schon damals mit den Grundlagen moderner Gesundheitsfragen.

1843 hat der jetzige Professor seine Dissertation über das angebliche Choleramittel „Mikania Guaco" geschrieben und herausgefunden, dass dieses Mittel die Dinge nur schlimmer macht. Krämer und Straßenhändler bieten überall „todsichere" Vorbeugungs- und Abwehrmittel an. Das Geschäft mit undefinierbaren Mixturen und Wässerchen blüht wie in finstersten Pestzeiten. […] Kurpfuscher verschreiben Kräuter, die angeblich auf „garantiert gesunden Böden nach Professor Pettenkofer" gewachsen seien.

Die Cholera-Epidemie von 1854

Max Pettenkofer hat keine Zeit, sich gegen diesen Unfug zu wehren. Er kriecht von morgens bis abends in den baufälligen Häusern in der Nähe des Sendlinger Tores und des Isartores herum. Wo ein Cholerafall gemeldet wird, sieht er sich die Wohnungen, die finsteren Flure, die Aborte und die Dunggruben an. In fast allen Häusern sind die sanitären Einrichtungen völlig ungenügend. Alles Auffällige wird notiert und überall findet er seine Vermutungen bestätigt: Wo der Untergrund am schlechtesten ist, breitet sich die Cholera aus. Nur wenige Tage lang kann Pettenkofer seine Studien betreiben.

Dann spürt er, wie die Cholera nach ihm selber greift. Er schleppt sich nach Hause, seine Lippen werden trocken und rissig, die Bauchdecke sinkt trichterförmig ein. Tagelang schwebt er zwischen Leben und Tod.

Auch die Köchin Resi wird von der Krankheit erfasst. Genauso ergeht es Pettenkofers Töchterchen. Überall in der Nachbarschaft hat das grausame Sterben eingesetzt. Resi erholt sich nicht mehr.

„Sorgt nur, dass der Professor gerettet wird", mahnt sie, ehe sich ihr Geist zu umnachten beginnt. Stunden später wird sie auf den Friedhof getragen.

Pettenkofers Töchterchen ist zum Glück recht schnell wiederhergestellt, aber der Professor ringt lange mit dem Tode. Er will, er muss durchkommen, denn er glaubt dem Geheimnis dieser Krankheit auf der Spur zu sein. Kaum kann er, auf einen Stock gestützt, die ersten Schritte machen, da taucht er wieder in den Gassen der Altstadt auf. Am Viktualienmarkt kauft er seine Brotzeit ein. Die Metzgersfrau strahlt alle Kunden anm als sie Pettenkofer sieht: *„Nein, Cholera ham mer net im Haus. Alles is g'sund"* sagt sie. *„Ihnen tut die Cholera nichts. Ihr Haus steht auf gesundem Untergrund"* bestätigt Pettenkofer und die Kundinnen sperren Mund und Nase [Ohren!] auf. *„Das war der königliche Hofapotheker, der weiß Bescheid"* raunt es hinter ihm her.

Im Tal, in der Au, am Isartor und am Sendlinger Tor, überall da, wo der Boden feucht ist und sich mit Verunreinigungen vollgesaugt hat, reißt die Cholera empfindliche Lücken. Das entspricht genau Pettenkofers Vorstellungen. [...] In höher gelegenen Vororten gibt es nur vereinzelt Erkrankungen. Pettenkofer hat bald so viel Erfahrungen gesammelt, dass er einem Haus schon von außen ansieht, ob die Cholera darin haust oder nicht. Er ist überzeugt, dieses Gift ist nicht von einer unheimlichen Macht in die Luft geblasen worden, sondern die Menschen haben es selbst im Innern ihrer Städte großgezogen. Die Erde dünstet das Unheil aus.

Pettenkofer gönnt sich keine Ruhe mehr. Er verfolgt die Cholera auf ihrem Weg durch die kleinen Landstädte, in die Gefängnisse und Zuchthäuser. Er legt Tabellen über jeden einzelnen Krankheitsfall an, fragt die Genesenen und Hinterbliebenen aus. Jedes Körnchen Wissen braucht er, um sein Mosaikbild zusammenzusetzen: Das Bild vom Ursprung der Cholera.

Dankgottesdienst an der Mariensäule zum Ende der Cholera am 3. Oktober 1854

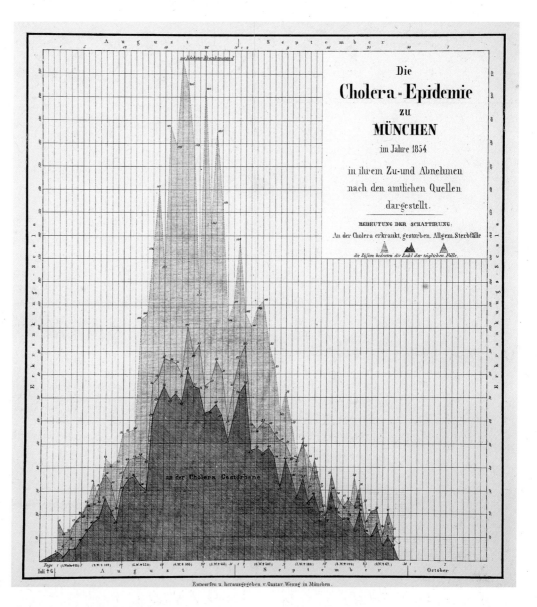

Cholera-Epidemie 1854, Darstellung und Anzahl der Erkrankungen und Sterbefälle von Ende Juli bis Ende September 1854, Lithografie von Gustv Wenng

Jetzt hat er endlich ein Mittel gefunden, das vielleicht vor künftigen Epidemien schützen kann. Es ist eine gute Kanalisation für die Städte. Der Unrat muss fortgeschwemmt werden.

Die Choleraepidemie 1854 während der internationalen Industrieausstellung im Glaspalast führte auch die Stadtväter zu einem bahnbrechendem Umdenken. Die Obrigkeit versuchte zwar anfangs die Seuche zu verharmlosen und verschleiern, indem sie Gerüchte dementierte und Presseberichte untersagte, doch es ließ sich nicht mehr verschweigen. Ausgerechnet bei den Pförtnern und Aufsehern im Ausstellungsgelände kam es zu gehäuften Brechdurchfällen, und bald darauf erkrankten auch Besucher und Münchner Bürger. Die Besucher verließen fluchtartig die Stadt, die Straßen verödeten und die Ausstellung blieb leer.

2936 Personen starben an der Cholera in München, prominentestes Opfer ist die Gemahlin des ehemaligen Königs Ludwigs I. von Bayern, Therese. Die Feierlichkeiten zu ihrer Hochzeit 1810 mit Ludwig I. begründeten das heutige Oktoberfest und ihr Tod lieferte Pettenkofer das entscheidende Argument zum Bau einer systematischen Kanalisation. Die Krankheit verschont auch die „bessere Gesellschaft" nicht, hieß es jetzt, die Cholera kann jeden treffen. So ergab sich auch bei der Obrigkeit eine Bereitschaft zur Verwirklichung einer Kanalisationsanlage.[39]

Pettenkofers Herzstück blieb immer die Hygiene

Pettenkofers Engagement für die Hygiene begann bereits Ende der 1840er-Jahre, den größten Aufwand kostete ihn die Überzeugungsarbeit für ein sauberes, reinliches und gesundheitsförderndes Lebensumfeld. Immer wieder kämpfte er mit gewaltigem Gegenwind, vor allem aus der Bevölkerung.

So verliefen die Jahre vom dritten bis zum sechsten Jahrzehnt seines Lebens in rastloser Arbeit auf den Gebieten der Chemie und Physiologie und in der Schaffung einer neuen Wissenschaft, der Hygiene, mit allen zusammenhängenden Fragen zur Sauberhaltung der Städte.

Sein Ziel war es, die Hygiene durch Beseitigung der Abwässer, Reinheit des Trinkwassers, Modernisierung der Schlachthöfe, Schaffung von Grünanlagen, Verbesserung der Ernährung und Einberufen einer alles überwachenden Gesundheitspolizei voranzubringen. Zusätzlich schwebte ihm vor, *„dass jeder Mensch in der Gesellschaft ein Anrecht habe auf die Hilfe der Gesellschaft. Er wünschte die Schaffung öffentlicher Einrichtungen und Kontrollen der sozialen und gesundheitlichen Verhältnisse. Er sprach sich dagegen aus, dass hungernde Menschen um Essen betteln, und verlangt die Errichtung von Volksküchen, in denen jeder eine kräftige Suppe und ein gesundes Essen erhalten müsse."*[40] Pettenkofer setzte noch eins drauf: *„Der Luftgenuß ist in jeder Beziehung ein großer und wichtiger Bestandteil, und daher ist die möglichste Reinheit der Luft eine der dringendsten Aufgaben der Gesundheitspflege. Je überfüllter oder kleiner die Wohnung oder ein Zimmer ist, umso notwendiger ist die größte Reinlichkeit und genügender Luftwechsel. Zum gesunden Leben ist nicht bloß der Genuß reiner Luft, reinen Wassers, guter Nahrung und der Gebrauch guter Kleidung und Wohnung notwendig, sondern auch Beschäftigung, körperliche und geistige Bewegung."*[41]

In Europa herrschte in der zweiten Hälfte des 19. Jahrhunderts bereits eine Atmosphäre der Unruhe. Die bürgerlichen Ordnungsvorstellungen wurden in Frage gestellt, die Autorität der Obrigkeit nicht mehr als selbstverständlich anerkannt.

Das kommunistische Manifest von Karl Marx und Friedrich Engels erschien. Eine Welle der Kritiksucht, der Unzufriedenheit und des Misstrauens erfasste weite Kreise der Bevölkerung.

In München wurde diese Zeitströmung der Verdrossenheit durch das Verhalten von König Ludwig I. verstärkt. Seine allzu freundschaftliche Beziehung zu der irischen Tänzerin Lola Montez erregte allgemeines Aufsehen, heftige Kritik und war ein beträchtliches Ärgernis. Der Druck der Straße entzog ihm alsbald seine freie Entschlusskraft und am 20. März 1848 verzichtete der König auf alle seine Thronrechte zugunsten seines Sohnes Maximilian.

Pettenkofer, der durch den zurückgetretenen Monarchen bei vielen Vorhaben wesentliche Unterstützung erhalten hatte, erlebte diese Ereignisse und Umbrüche nicht ohne starke Anteilnahme. Der Nachfolger König Ludwigs, Max II., hatte sich die Förderung des Bildungsniveaus, des technischen Fortschritts und die Verbesserung der sozialen Lage in Bayern vorgenommen. Pettenkofer konnte sich somit seiner tatkräftigen Unterstützung sicher sein.

Pettenkofer versuchte, in seinen Vorlesungen über die Hygiene im Umfeld der Chemie und Medizin deren allerhöchsten Stellenwert zu unterstreichen. Der bewusste Umgang mit der Umgebung, den Nahrungsmitteln und einer intensiven Reinlichkeit fördert die Gesundheit der Menschen und die ideale Vorbeugung von Krankheiten.

In seinen Vorlesungen wurde etwas anderes geboten als in den bisher gewöhnlichen, etwas ganz Einzigartiges, und obwohl seine damaligen Vorträge ab und an etwas Schleppendes und Eintöniges hatten, nahm man den fesselnden Inhalt mit größtem Interesse auf.

Warum Pettenkofer beim Beginn seiner Lehrtätigkeit oft leicht schwerfällig und behäbig vorgetragen haben soll, lässt sich nur vermuten: Als Pragmatiker suchte er wohl noch nach einem Lehrstoff, der nicht nur detaillierte Kenntnisse vermittelte, er wollte vielmehr seinen Schülern einen

Dr. Max von Pettenkofer,
K. geheimer und Obermedizi-
nal-Rath, Porträtfotografie
von Joseph Albert, 1887

Weg weisen, der sie befähigte, leidenden Menschen eine wirksame Hilfe zu leisten. Er war auf
einem neuen Weg, um der Volksgesundheit zu
dienen. Pettenkofers Lehre der Hygiene zielte
vehement auf eine sorgfältige Vorbeugung drohen-
der Krankheiten hin. Lange forderte Pettenkofer
mit Rückendeckung der Fakultät die Erhebung
der Hygiene zum Pflicht- und Examensfach. Aber
die Politik war noch nicht zu dieser Einsicht bereit.

*„So wurde 1865, im Jahr von Pettenkofers Rekto-
rat, die Verweigerung von 1850 endlich revidiert.
Pettenkofer erhielt den ersten Lehrstuhl für
Hygiene."*[42]

Er fand dennoch seinen Weg und widmete sich
nicht nur zielstrebig und unermüdlich der Aufklärung der Choleraätiologie, sondern entwickelte
sich zum Begründer der naturwissenschaftlich-
experimentellen Hygiene und zu deren unbestrit-
tener Leitfigur.

Als er sein neues Amt antrat, ist er von König
Ludwig II. in feierlicher Audienz empfangen
worden. Der König unterhielt sich mit ihm nicht
nur über die allgemeinen Verhältnisse der Universität, er interessierte sich auch für des neuen
Rektors eigene Forschungen und ihre Ziele. Beim
Abschied richtete der Monarch an ihn die Frage,
ob er ihm, Max Pettenkofer, eine Bitte erfüllen
könne. Da ergriff Pettenkofer die Gelegenheit:
*„Majestät, zur Förderung der Volksgesundheit
wäre es nützlich, wenn das Fach Hygiene an allen
bayrischen Universitäten als Prüfungsfach für
Ärzte eingeführt werden würde."*

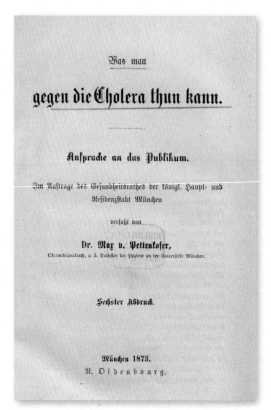

Er nannte zur näheren Erklärung eine Reihe von Themen seines Lehrprogramms. Der König ermächtigte somit den Rektor ausdrücklich, dem bayerischen Kultusminister mitzuteilen, dass das Anliegen Pettenkofers auch das des Königs sei. Pettenkofer überreichte daraufhin dem Kultusminister sein Programm der wissenschaftlichen Sparte Hygiene mit 21 Inhaltspunkten. Auch das Ministerium sah jetzt in diesem Programm einen wichtigen Fortschritt und verfügte für alle bayerischen Universitäten, in die ärztlichen Prüfungen das Fach Hygiene einzubeziehen. Bayern war der erste und einzige Staat, in dem Studenten in diesem Fach ausgebildet und geprüft wurden. Erst Jahre später folgte man in anderen deutschen, österreichischen und dann auch internationalen Universitäten diesem Beispiel. Ab 1883 ist im ganzen Deutschen Reich das Fach Hygiene in die Approbationsprüfung eingeführt worden. Ein Antrag auf ein Hygieneinstitut scheiterte aber noch am Widerstand des Ministerialreferenten.

Gerade diese Tätigkeit Pettenkofers, die Verbreitung der Hygiene in der Bevölkerung und vor allem im Universitätsunterricht, wurde von der ganzen Welt anerkannt und bei der Verleihung vieler seiner kommenden Auszeichnungen besonders hervorgehoben.

Pettenkofer hat dieser neuen Wissenschaft ein klares Profil gegeben. Zugleich kam ihm die Renommiersucht der bayerischen Könige sehr entgegen, die ihr Land und vor allem die Hauptstadt München zu einem mit Berlin und Wien rivalisierenden wissenschaftlichen Zentrum ausbauen wollten.

In dem jüngeren und romantischen König Ludwig II. war dieses Bestreben besonders stark ausgeprägt. Es ist der klugen Argumentation Pettenkofers und seiner Hartnäckigkeit zu verdanken, dass wenigstens ein Teil der Summen des königlichen Haushalts einer wissenschaftlich und sozial bedeutsamen Verwendung zugeführt wurde und nicht alles zur Erfüllung der persönlichen Ambitionen Ludwig II. verwendet wurde, allein Schloss Neuschwanstein war mit 13,5 Mio. Mark veranschlagt.

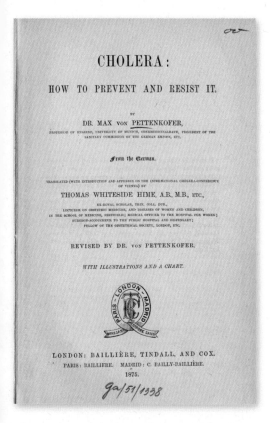

Der Professor galt bei jedermann als eine unkomplizierte Natur, von zupackender Art, voll Optimismus, Tatkraft und Energie. Sein Arbeitseifer kannte keine Grenzen und seine Erfolge als Entdecker wurden durch einen regen Spürsinn, der von einer starken Fantasie zeugte, ermöglicht.

Der Mediziner Alfred Beyer äußerte sich über ihn in Fremdworten: *„Die markantesten Charakterzüge Pettenkofers sind Vulnerabilität, Irritabilität und Affektivität"*, also Verletzbarkeit, Reizbarkeit und Gefühlsbetontheit.

Sein ganzes Leben lang hatte Pettenkofer an dem Ballast seines empfindsamen Wesens zu tragen. So ist zum Beispiel aus seiner Kindheit bekannt, dass ihn ein geistlicher Herr während des Religionsunterrichts wegen einer ungeschickten Antwort dem Gespött seiner Mitschüler preisgab. Seitdem weigerte sich der Knabe, einen Gottesdienst zu besuchen, wenn dieser Geistliche predigte.

Oder – wie bereits erwähnt – als sein Onkel in der Apotheke ihm die Ohrfeige verpasste, worauf er all das bisherige Wohlwollen und die Güte vergaß, sein Studium im Stich ließ und Schauspieler wurde, bis er dann doch wieder zur Wissenschaft zurückkehrte.

Ruf nach Wien

Das Interesse an Pettenkofer war auch international nicht mehr aufzuhalten. Nachdem er einige Jahre zuvor eine vorsichtige Anfrage der Universität Leipzig erhielt, ob er bereit wäre, nach Sachsen überzusiedeln, und nachdem Pettenkofer energisch abgewunken hatte, erreichte ihn 1872 ein offizieller und höchst ehrenvoller Ruf an die Universität Wien.

Ein dreifaches Gehalt und die Aussicht auf die Gestaltung eines eigenen Instituts, nach seinen Wünschen ausgerichtet, wurden ihm zugesagt. Die geografische Lage Österreichs machten es zu einem durch Seuchen besonders bedrohten Land und die sanitären Zustände sollten verbessert werden. Auch Kaiser Franz Joseph I. selbst war an der Berufung Pettenkofers aufs Lebhafteste interessiert. Doch die Liebe zu München und die angeborene Bodenständigkeit erlaubten es ihm nicht, sich zu verändern.

Ehe er aber der Universität in Wien seine Entscheidung zusandte, wurde er beim Kultusminister vorstellig und erwähnte wiederholt seinen Plan zum Bau eines eigenen hygienischen Instituts in München. Jetzt ging alles ganz zügig und Ludwig II. bewilligte ihm endlich, nun in München sein Institut aufzubauen. Pettenkofer war glücklich, unter Mitwirkung der Fakultät, des Ministeriums, des Landtages und des Magistrates seinen Wunsch erfüllt zu sehen und lehnte den ehrenvollen Ruf nach Wien ab.

Geburts- und Sterblichkeitsziffern in München von 1845 bis 1900. Nach dem Bau der Kanalisation gingen die Sterblichkeitsraten deutlich zurück.

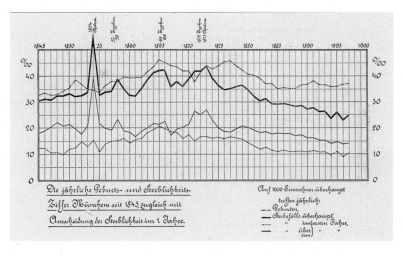

Ehrenbürger der Haupt- und Residenzstadt München

Mit einem Dringlichkeitsantrag wurde in einer Sitzung der Gemeindebevollmächtigten am 11. Dezember 1872 Max Pettenkofer das Ehrenbürgerrecht der Stadt München verliehen. Auslöser war Pettenkofers Verbleib in München, trotz der lukrativen Berufung nach Wien. Bürgermeister Alois von Erhardt unterstützte den Antrag nachdrücklich, um dieses Genie in der Stadt zu halten.

In der Urkunde zur Ehrenbürgerschaft finden sich Hinweise auf seine pharmazeutischen, medizinischen und wissenschaftlichen Errungenschaften, die die Grundlage für seine Verdienste um das Wohl der Stadt und seiner Bewohner gewesen sind. Durch drei Putti versinnbildlicht, stürzen diese die allegorisierte, einen giftigen Hauch ausstoßende Cholera in den Abgrund.

Die Münchner Presse reagierte auf diesen Beschluss der Stadtväter mit anhaltendem Beifall. Aus seiner Umgebung ist bekannt, dass Pettenkofer Tränen der Freude in den Augen hatte. Seine Studenten feierten ihn und veranstalteten einen Fackelzug durch die Stadt. Überall war zu hören, er hat der Stadt München ein neues Gesicht gegeben, und die Geißel der Seuchen vertrieben.

Pettenkofer schrieb ein vierstrophiges Gedicht in das Goldene Buch der Stadt (hier die erste und vierte Strophe:

„Die Kunst zu heilen kann viel Leid lindern,
doch schön ist auch die Kunst, die es versteht.
Viel Leiden im Entstehen schon zu hindern.
Was man von Gott und Heiligen sonst erfleht,
als Pest und schwarzen Todes Überwindern,
das nimmt nun Hygiene ins Gebet.
Sie strebt, der Übel Wurzeln auszurotten
und geht ans Werk trotz Zweifelei und Spotten.
Auch das wird Gott gefallen."

Der Geist der Medizin oder Wie's Gott gefällt
Im Gottesacker erntet Tod die Leichen,
wir fliehen sie, wenn er sie hingestreckt.
Um aber Tod und Leben zu vergleichen,
sucht sie der Anatome auf und schreckt
sich nicht. Zergliedernd hat er tausend Zeichen
des Lebens dunkler Hüllen aufgedeckt.
Den Knochenbau, des ganzen Leibs Gefüge
erklären ihm der Toten stummen Züge.
Und das hat Gott gefallen."[43]

Mit diesen wenigen Worten lässt sich das gesamte Lebenswerk des großen Wissenschaftlers zusammenfassen.

Vier Jahre nach dem Ruf aus Wien kam eine weitere Versuchung. In Berlin gründete man 1876 ein Reichsgesundheitsamt. Reichskanzler Otto von Bismarck persönlich trat an Pettenkofer heran, um ihn als Direktor dieser neugeschaffenen Behörde, als Reichsgesundheitspräsidenten, zu gewinnen.

Die Stadt München und die bayerische Regierung gaben sich wieder alle Mühe, um bei Pettenkofer einen Verbleib in München zu erwirken. Trotz dieser besonderen Wertschätzung von Bismarck lehnte er dessen Angebot auf Anraten von König Ludwig II. ab, und sicher nicht nur, weil er auf seine „geliebten sauren Schweinshaxen" nicht verzichten wollte, wie er später einmal scherzhaft geäußert hat. Auch das Fortschreiten seines Hygienebaus und die Aussicht auf dessen Fertigstellung dürfte seine Entscheidung mitbeeinflusst haben.

Urkunde zur Verleihung des Ehrenbürgerrechts der Stadt München, 14. Dezember 1872

Auf den folgenden Seiten:

Dringlichkeitsantrag zur Verleihung des Gemeinde-Bevollmächtigten Dr. A. Steinheil, 11. Dezember 1872

Einstimmiger Beschluss der Gemeinde-Bevollmächtigten zur Verleihung der Ehrenbürgerschaft, 11. Dezember 1872

Durch einstimmige Beschlüsse der beiden Gemeinde-
Collegien vom 11. und 14. d. Mts. wurde dem königl.
Obermedizinalrathe, ordentlichen oeffentlichen
Professor der k. Universität und ordentlichen Mitgliede
der k. Akademie der Wissenschaften dahier, Vorstand
der k. Leib- und Hofapotheke,

Herrn Dr. Max von Pettenkofer
das
Ehrenbürgerrecht der Stadt München
verliehen.

Am 14. December 1872.
Der
Magistrat und das Collegium der Gemeindebevollmächtigten
der
königl. Haupt- und Residenzstadt
München.

Professor Knoll macht mir gewahr die Anzeige, indem der Herr Professor Dr. v. Pettenkofer, ein Ruf an die Universität Wien angezogen ist, er soll dort ein Institut für Förderung der Vereinswissenschaft errichten und leiten.

Da die Knoll München gegenwärtig die Hebung der Vereinswissenschaft recht thätigst erstrebt und hierin durch Herrn Professor Dr. von Pettenkofer recht und Wünschen unterstützt wird, so ist jeder Sache verbunden, daß diese, in so hohem Grade im allgemeinen Interesse gelegenen Bestrebungen eine geschädigt werden, wenn es nicht gelingt diese Kraft der Stadt zu erhalten.

Obgleich die Herrn Professor Dr. v. Pettenkofer gestellten Anerbietungen sehr glänzend sind, so stellt er mir ihnen, für sein Verbleiben in München von Bedingungen in Interesse seiner Wirkens und bezüglich seiner Sachen, wodurch er auch seinerseits die Möglichkeit, ihn für München zu erhalten sehr erleichtert.

Um nun meinerseits auch zu Beseitigung dieser Zweifel beizutragen, möchte ich beantragen, Herrn Professor Dr. v. Pettenkofer das Ehrenbürgerrecht der Stadt München zu verleihen, und ersuche Sie auch das dringendste diesen Antrag zu unterstützen.

Dr. A. Steinheil

München am 11. Dez. 1872.

Die Gemeinde-Bevollmächtigten der Königlichen Haupt- und Residenz-Stadt München an den Magistrat daselbst

Stadtmagistrat München praes: 16 DEC. 1872 a

50071

Der Gemeinde-Bevollmächtigte Herr Dr. Steinheil hat in unserer heutigen Sitzung den hierseits in Abschrift folgenden Antrag eingebracht, welcher von Herrn Dr. Freytag aufs Wärmste unterstützt wurde, und die einstimmige Zustimmung des Collegiums gefunden hat.

Wir ersuchen daher hiermit den verehrlichen Magistrat auf Grund des Art. 115. Abs. 1. und 24. Abs. 2. der Gemeinde-Ordnung unserem Beschlusse beizutreten und dann das Weitere zu veranlassen, um dem Herrn Professor Dr. von Pettenkofer das Ehrenbürgerrecht der Stadt München zu verleihen.

Wenn zur Erhaltung des Herrn Professors Dr. von Pettekofer für die Stadt dem verehrlichen Magistrat irgend welche weiteren Schritte geeignet erscheinen sollten, so wollen wir uns denselben hiermit sofort angeschlossen haben.

Gegengezeichnet

K. Riemerschmid

Verleihung des Ehrenbürgerrechts an Prof. Dr. v. Pettekofer betr.

München, den 15.Dezbr.1872.

Hochverehrter Herr Bürgermeister!

Die beiden hohen Collegien des Magistrats und der Gemeinde=
bevollmächtigten haben mir die höchste Ehre votirt, welche
die Stadt einem Bürger verleiht, und eine Deputation aus
Mitgliedern beider Collegien, an der Spitze die beiden
Herrn Bürgermeister und der Herr Vorstand der Gemeindebe=
vollmächtigten, haben mir heute in meiner Wohnung hievon
feierliche Eröffnung gemacht. Ich vermochte nicht zu schil=
dern, und vermag es jetzt auch noch nicht, was ich in die=
sem Augenblicke empfand, aber es waren Gefühle, die mich
erhoben und meinen Vorsatz stärkten, auf meiner Bahn muthig
weiter zu streben.

Ich bitte Sie, hochverehrter Herr Bürgermeister, dem ge=
samten hohen Collegium des Magistrats den Ausdruck meiner
Dankbarkeit und meiner Anhänglichkeit zu übermitteln, und
mir Ihre Gewogenheit auch ferner zu bewahren.

Mit ausgezeichneter Hochachtung verharrt

                    Ihr

              dankbar ergebener
              gez. Dr.M.v.Pettenkofer
              Ehrenbürger von München.

Original vorstehenden Schreibens befindet sich in der
Handschriftenabteilung der Stadtratsbibliothek.

Pettenkofers Hygienisches Institut

Das neue Hygienische Institut, das genau nach Pettenkofers Wünschen und Bedürfnissen geplant und gebaut wurde, war das erste hygienische Laboratorium der Welt. Nun war Pettenkofer in seinem Element. Er konnte seine Erkenntnisse bei praktischen Übungen einleuchtender demonstrieren und über Luft und Wasser, die Durchlässigkeit des Mauerwerks, die Möglichkeiten der Ventilation, die Notwendigkeit der Desinfektion und über den Bau einer Kanalisation und eines zentralen Vieh- und Schlachthofes gegenständlicher referieren.

Am 18. April 1879 wurde das Institut, im Volksmund „Hypothesenpalast" genannt, mit 63 Räumen an der Findlingstraße (seit 1902 Pettenkoferstraße) Ecke Heustraße (heute Paul-Heyse-Straße) eröffnet. Am 13. Juli 1944 brannte es in einem Bombenhagel, in dem auch die Münchner Wasserleitungen zerstört wurden, restlos ab. Heute steht das Max-von-Pettenkofer-Institut in der Pettenkoferstraße in der Nähe des Sendlinger-Tor-Platzes

Bild auf der linken Seite:
Dankschreiben von Max von Pettenkofer zur Verleihung der Ehrenbürgerschaft,
15. Dezember 1872

Bilder oben:
Hygienisches Institut in der damaligen Findlingstraße, um 1880

Max von Pettenkofer-Institut für Hygiene und Medizinische Mikrobiologie der Ludwig Maximilians-Universität in der Pettenkoferstraße, 1962

Die Münchner Kanalisation

Ein Hauptverdienst Pettenkofers auf dem Gebiet der praktischen Hygiene und dem Vorbeugen der Cholera liegt in seinem Werben für die Kanalisation. Durch sie sollte München – über ganz Deutschland und darüber hinaus als Typhus- und Choleranest bekannt – eine gesunde Stadt und zugleich ein Vorbild werden. Auf eine öffentliche Sauberkeit und eine bewusste Reinhaltung des Bodens legte er besonderen Wert. Deren Unreinheit war nach seiner Ansicht der elementare Grund für die Entstehung von Seuchen wie Cholera und Typhus.

Zur damaligen Zeit bestanden noch die weitverbreiteten Annahmen, dass Seuchen durch die Konstellation der Himmelskörper oder göttliche Strafen ausgelöst würden. Daher wurden Heilige zum Schutz angefleht, in München sollte die Patrona Bavariae auf der Mariensäule am Marienplatz vor den Plagen der Zeit schützen, wie auch vor der Cholera.

Ausleeren von Mülltonnen in einen Harritschwagen

Die Seuche mordete schneller als die endlich überwundene Pest. Kerngesunde Menschen erkrankten innerhalb weniger Stunden, bekamen heftigen Durchfall, übergaben sich und liefen blau an. Der Wasserverlust ließ den Blutkreislauf versagen.

Wadenkrämpfe und Gliederzittern quälten die Kranken. Bei vollem Bewusstsein gingen sie dem Tod entgegen. Es war zu hören: „Wem die Cholera auf den Fersen ist, den rafft sie dahin, ehe die Sonne sinkt. Wer sich morgens eine Theaterkarte kauft, wird vielleicht den Beginn der Vorstellung nicht mehr erleben." Mit teuflischer Regelmäßigkeit starb jeder zweite Cholerakranke. Die Gefahr einer Erkrankung war besonders groß, wenn viele Menschen in ungesunder Luft und mit unreinem Wasser zusammengedrängt lebten. Diese Bedingungen waren Pettenkofers Ausgangslage und Ansatzpunkte, hier wollte er die katastrophalen hygienischen Missstände radikal verbessern.

In den meisten Häusern waren die Aborte im Hof an Sickergruben oder die auf den Etagen über Fallrohre an Abortgruben angeschlossen und noch ohne Syphon, so dass Gerüche ungehindert in jede Wohnung waberten. Die Abortgruben mussten von Zeit zu Zeit durch Ausschöpfen geleert werden.

Der Inhalt der Nachttöpfe landete häufig in den Innenhöfen oder direkt auf der Straße, daher der Ausspruch: „Alles Gute kommt von oben." Und aus diesem Grund haben auch die Kutschen ihre „Kotflügel" bekommen, um ihre Insassen vor dem Gröbsten zu schützen.

Erste Aufzeichnungen über den Bau unterirdischer Abwasserkanäle in München existieren seit 1811. Bis 1820 entstanden ca. 20 Kilometer Kanäle ohne System, die auf kurzem Weg in die naheliegenden Stadtbäche mündeten. Die Stadt zählte damals ca. 50.000 Einwohner.

Bild Links:
Laufbrunnen im Innenhof des
städtischen Marstallgebäudes,
1913

Bild rechts:
Einblick in einen Münchner
Hinterhof mit Abortgrube (im
Hintergrund) in unmittelbarer
Nähe zum Trinkwasserbrunnen
im Vordergrund

Die hygienischen Zustände waren nach heutigen Maßstäben durchwegs katastrophal. In München war die Situation, verglichen mit anderen deutschen Städten, besonders erbärmlich. Das Brauch- und Trinkwasser holten sich die Bürger aus privaten oder öffentlichen Brunnen oder aus den Stadtbächen.

Über einen erforschten Zeitraum von zehn Jahren ergab sich eine Abhängigkeit vom Grundwasserstand und der Feuchtigkeit im Boden zu den Cholerafällen.

Der verunreinigte Boden müsse je nach Wasseranfall eine spezifische Bedeutung für den Ausbruch von Krankheiten haben. Pettenkofers „Bodentheorie" besagte, dass die Cholera dadurch entsteht, dass ein an sich unschädlicher spezifischer Keim mit den Exkrementen eines Kranken oder auch Gesunden in den Boden gelangt, dort ein Cholera-Miasma entwickelt und als Gas in die Häuser strömt.

Für Pettenkofer waren vor allem die unhygienischen Wohnverhältnisse, die er bei seinen Erhebungen vor Ort kennengelernt hatte, ein entscheidender Faktor. Sie bestärkten ihn darin, seine Studien über Hygiene nun mit aller Intensität und Systematik fortzusetzen, um zu einer Verbesserung der Lebensverhältnisse in München beizutragen. Darum tritt er für eine geordnete Wasserversorgung und Abwasserbeseitigung ein.

Die meisten Stadtväter der Landeshauptstadt waren jetzt für den Bau einer Kanalisation, aber einige sprachen sich doch noch dagegen aus. Pettenkofer besuchte jeden Zweifler einzeln in seiner Wohnung, und klärte deren Familien mit viel Geduld über die Auswirkung der Seuchen und die Notwendigkeit vom Ableiten der Abwässer auf. So wurde schließlich der Antrag über den Bau einer Kanalisation einstimmig angenommen. Die Errichtung von Abwasserkanälen war für Pettenkofer erst der halbe Sieg. Er wusste, dass die Sanierung des Münchner Untergrundes erst vollendet sei, wenn auch die Versorgung mit sauberem und gesundem Trinkwasser gewährleistet ist.

Einführung der Schwemmkanalisation

Dann nahm sich Pettenkofer einen für Münchner Verhältnisse gigantischen Plan vor.

Zunächst besuchte er den Bürgermeister Dr. Alois von Erhardt und sagte ihm, dass eine Ausrottung der Cholera unmöglich sei, solange der Untergrund Münchens in einem geradezu ekelerregenden Ausmaß verunreinigt ist. Es gebe nur einen wirksamen Ausweg: alle Versitzgruben müssten ausgeräumt und für immer abgeriegelt werden und alle Häuser an eine Schwemmkanalisation angeschlossen werden. Erhardt war nicht kleinlich, es war ihm außerordentlich unangenehm, großen Aufgaben auszuweichen, dennoch musste er die Konsequenz eines derart umfangreichen Projekts, reiflich überdenken. Vor allem über die technischen Ausmaße des Projekts, die rechtlichen Konsequenzen, die Finanzierungsfragen und weitere sich auftuende Schwierigkeiten musste er sich einen Überblick verschaffen.

Der Gesundheitsrat der Stadt wurde durch den Ersten Bürgermeister Erhardt zusammengerufen, um über Maßnahmen zu beraten, die ergriffen werden müssen. Zu den ständigen Mitgliedern des Gremiums gehörten elf Persönlichkeiten, unter ihnen der Polizeidirektor Karl Alexander von Burchtorff, der Stadtgerichtsarzt Dr. Martell Frank, der Armenarzt Dr. Georg Martius, der Universitätsprofessor Dr. Joseph von Lindwurm, der Fabrikant Anton Riemerschmid und Stadtbaurat Arnold Zenetti.

Das Resultat der Zusammenkünfte war das Eingeständnis der Ratlosigkeit. Man einigte sich, eine Anzahl weiterer Teilnehmer hinzuzuziehen. Bürgermeister Erhardt ließ Pettenkofer zu sich bitten, um bei den Beratungen des Gremiums als Referent zu fungieren, da eine Persönlichkeit die Federführung übernehmen müsse, die energisch und zupackend die notwendigen Maßnahmen treffe. Pettenkofer sagte unter der Bedingung zu, dass er ungehindert die notwendigen Untersuchungen und Ermittlungen anstellen könne und ihm die Unterstützung der städtischen Amtsstellen zugesagt werde. Als er auch vom Gesundheitsrat bestätigt wurde, konnte Pettenkofer mit seinen Forschungen beginnen.

Pettenkofer studierte gründlich die Bodenbeschaffenheit, Lage und Bodenfeuchtigkeit in vielen anderen Städten, wie Nürnberg, Augsburg, Würzburg, Ingolstadt, Regensburg, Traunstein und Freising.

Seine Forschungsreisen führten ihn auch in andere Länder und in entlegene Gegenden, etwa nach Malta oder an die Südspitze Spaniens. Grenz- und Zollpassagen, verbunden mit etlichen Schikanen sowie miserable Unterkünfte und unzumutbare Verkehrsverbindungen waren die Regel. Mehr als einmal wurde er als Spion verdächtigt. Der Erfahrungsaustausch mit anderen Gelehrten war ihm immer ein Anliegen. In Malta stellte er fest, dass der felsige Grund so durchlässig wie Berliner Sand ist. Zudem ist der Fels so weich wie Holz, kann mit dem Messer geschnitten werden und Abfälle in allen Mulden und Ritzen waren die eindeutige Brutstätte für die grassierende Cholera. Auch in Gibraltar waren die Bodenverhältnisse und die Bodenverunreinigungen, aus seiner Sicht, die Ursache für die Verbreitung der Seuche. Auf seiner Reise dorthin erkannte Pettenkofer, dass der Krankheitskeim durch Passagiere von anderen Orten in die Städte gebracht worden war, aber erst hier unter den spezifischen Bedingungen virulent geworden war und die Krankheit ausgelöst hatte.

München war Mitte des 19. Jahrhunderts verrufen als Typhusnest. Nach dem Urteil Pettenkofers lebten die Bürger auf ihrem eigenen Unrat. 1855 erhielt der Magistrat der Stadt München von der bayerischen Regierung den Auftrag, Pläne für eine systematische Kanalisierung vorzulegen. Stadtbaumeister Arnold Zenetti übernahm die Ausarbeitung der Entwürfe. 1858 wurde mit dem Bau begonnen, verbunden damit waren große finanzielle Anstrengungen.

Zu Beginn gab es jedoch erheblichen Widerstand in der Bevölkerung, die Abwässer und Fäkalien in die Kanäle einzuleiten, und Aussagen wie: „Das fällt mir nicht ein. Der Abtritt soll nur stinken, ich will mein Häusel schmecken, sonst ist es ja tot," waren zu vernehmen.

Dazu herrschte noch eine Ungezieferplage und eine Seuchengefahr durch Ratten und Mäuse. Pettenkofer stand, im Hinblick auf den unglaublich unhygienischen Abgrund, vor der harten Aufgabe, zu ergründen, auf welche Weise der Gefahr von Cholera-Epidemien mit überzeugenden Argumenten begegnet werden könnte, und wie sich die Bürger bekehren ließen.

Landwirte beriefen sich auf Liebig, nach dessen Auffassung die gesammelten Fäkalien wertvolle Düngung für die Bodenkultur bedeuteten. Liebig, der auf diese Weise wider seinen Willen als Kronzeuge auftreten musste, entgegnete auf derartige Äußerungen, die Gesundheit der Städte habe den Vorrang vor der Landwirtschaft und änderte seine frühere Ansicht.

In anderen großen Städten Europas gab es schon seit längerem erste stadthygienische Maßnahmen, London betrieb bereits 1810 mit Wasser gespülte Toiletten, das WC, das Watercloset, und seit 1860 mit einem Anschluss an die Kanalisation.

An der Münchner Universität machte sich Pettenkofer auch unbeliebt, weil er nur noch ein Thema kannte: das Sauberhalten der Städte.

Umfangreiche Einwände betrafen in München die enormen Kosten und die drohenden Steuererhöhungen, die unvermeidbar waren. In den Zeitungen wurde ein möglicher Rückgang des Fremdenverkehrs angeführt, denn wenn ganz München eine riesige Baugrube ist, würden sich die Gäste hüten, diese Stadt zu besuchen. „Fliegende Blätter" brachten ein lustiges Bild, um den Unmut zu bekräftigen: *„Zwischen Wohnhäusern verlaufen tiefe Gräben und hochaufgeschüttete Schuttberge. Drei Alpinisten mit Wanderstock, Eispickel und Rucksäcken sind durch ein Kletterseil miteinander verbunden. Sie klettern aus einem unergründlich tiefen Loch einen Kieshaufen hinauf. Dazu der ironische Text: Die Münchner haben die Berge näher gerückt. Man braucht jetzt nicht mehr bis zu den Alpen fahren, weil auch hier der Bergsport möglich ist"*.[44]

Pettenkofer verzagte keineswegs, er ließ alle Kritiker links liegen und blieb bei seinen Überzeugungen. Nichts konnte ihn mehr abbringen von seinen Hygienemaßnahmen. Bei seinen Auftritten griff er durchaus nicht nur auf Publikationen zurück, die seine Theorie unterstützten, sondern es schien ihm vielmehr großes Vergnügen zu bereiten, gerade die Schriften seiner Kritiker zu zerpflücken und die Widersprüche von deren Argumentationen aufzudecken. Mehr noch, Pettenkofer verstand es meisterhaft, die Belege seiner Widersacher für seine Begründungen heranzuziehen und die Schlussfolgerungen, die seine Gegner aus diesen Quellen zogen, anzuzweifeln und in das genaue Gegenteil umzukehren. Gut vorstellbar mit welcher Süffisanz und mit welch ausgewählten Formulierungen er diese Auftritte zelebrierte.

Karikatur zum „Bergsport" beim Münchner Kanalbau von Evelyne Andrae

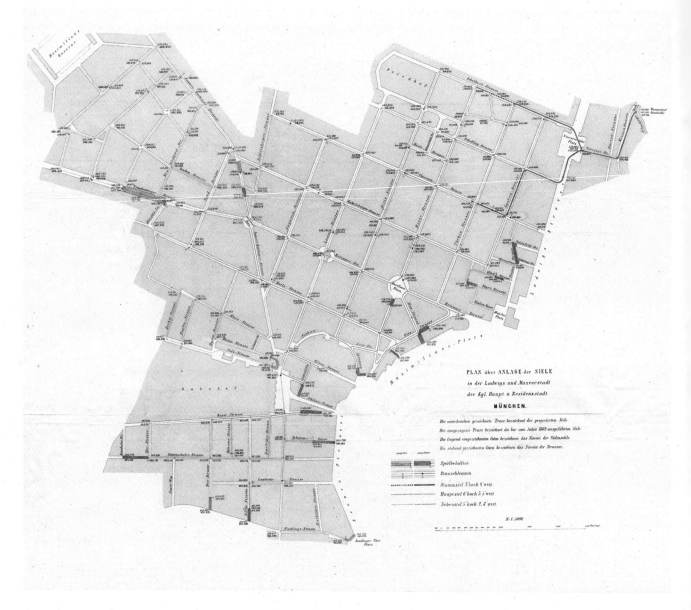

PLAN über ANLAGE der SIELE
in der Ludwigs und Maxvorstadt
der Kgl. Haupt u. Residenzstadt
MÜNCHEN.

Plan über die Anlage der Siele
in der Ludwigs- und Maxvor-
stadt der Kgl. Haupt- und
Residenzstadt München,
Arnold von Zenetti,
Max von Pettenkofer, 1869

Bild auf der rechten Seite:
Übersichtsplan von München
mit dem Stande der Kana-
lisation am 1. Januar 1885,
Tiefbauamt München,
Abteilung für Kanalisation

Bei seinen intensiven Bemühungen um eine Verbesserung der allgemeinen Lebensbedingungen
begab er sich auch in das Umfeld der Schädlings-
bekämpfung. Bei Befall von Ungeziefer, Schaben,
Wanzen oder Kakerlaken scheute er sich nicht,
den Wohnungen den Sauerstoff zu entziehen und
diese regelrecht „auszuräuchern".

Aufgrund seiner Maßnahmen kursierten auch
etliche Spitznamen, die man ihm zurief. Im Volksmund wurde er abfällig, aber doch liebevoll,
mit Beinamen, wie „Wanzendoktor", „Wasser-
gschaftlhuber" oder „Scheißhäuslapostel"
bezeichnet .

Die Kritik konnte aber auch heftiger ausfallen.
Der berühmte Wiener Chirurg Theodor Billroth
ließ sich 1875 zu der sozialdarwinistischen Äußerung hinreissen, dass Epidemien und Seuchen,
ebenso wie Kriege, wichtig seien, weil sie der
drohenden Überbevölkerung entgegenarbeiten.
Andere Stimmen lauteten: „Gott erhalte uns die
Cholera." Also, Pettenkofer sei auf dem falschen
Weg, von der „natürlichen" Regulierung der
Bevölkerungszahl darf nicht abgewichen werden.
Es zeigt sich, selbst die Wissenschaft hatte
äußerst widersprüchliche Ansichten, und Pettenkofer musste für seine Betrachtungsweisen noch
sehr viel Überzeugungsarbeit leisten.

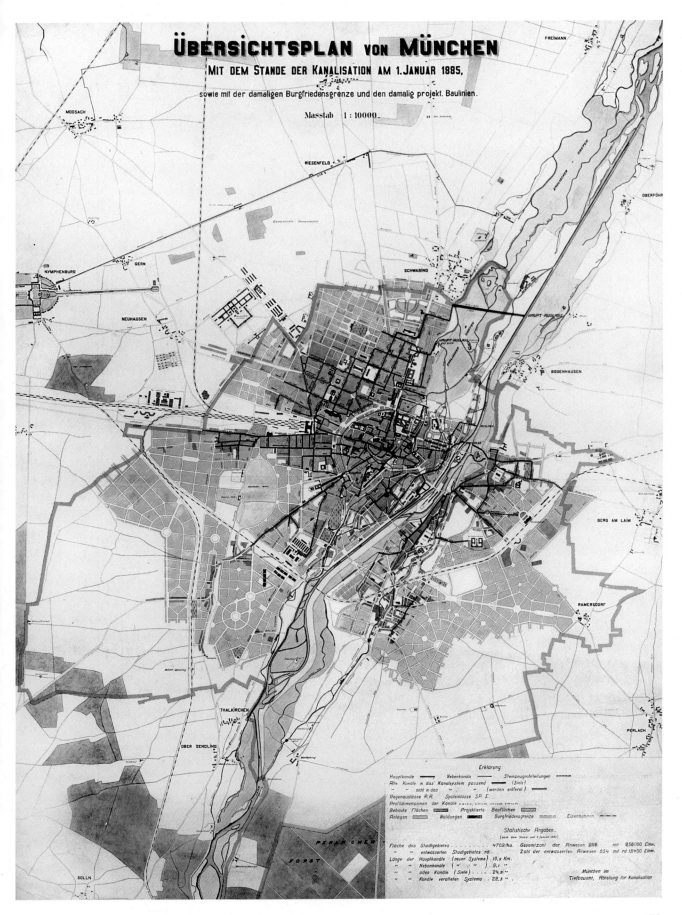

ÜBERSICHTSPLAN VON MÜNCHEN

MIT DEM STANDE DER KANALISATION AM 1. JANUAR 1885,

sowie mit der damaligen Burgfriedensgrenze und den damalig projekt. Baulinien.

Masstab 1 : 10000.

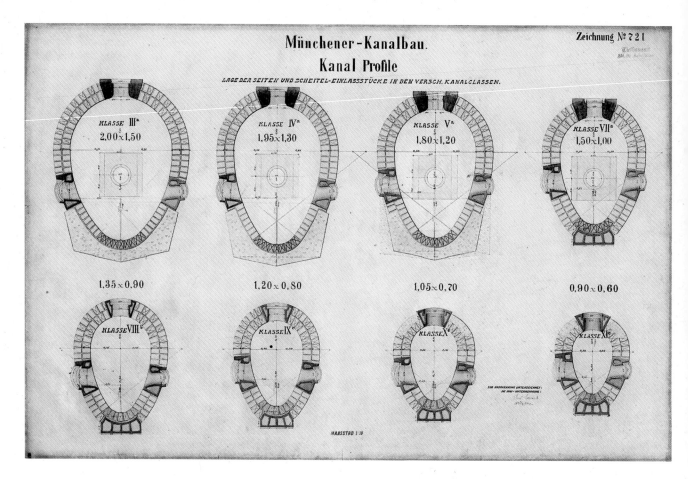

Münchener-Kanalbau.
Kanal Profile
LAGE DER SEITEN UND SCHEITEL-EINLASSSTÜCKE IN DEN VERSCH. KANALCLASSEN.

Zeichnung № 721

KLASSE III.ᵃ
2,00×1,50

KLASSE IV.ᵃ
1,95×1,30

KLASSE V.ᵃ
1,80×1,20

KLASSE VII.ᵃ
1,50×1,00

1,35×0,90

1,20×0,80

1,05×0,70

0,90×0,60

KLASSE VIII.ᵃ

KLASSE IX.ᵃ

KLASSE X.ᵃ

KLASSE XI.ᵃ

MAASSTAB 1:10

Bilder auf beiden Seiten:
Münchener Kanalbau
Kanal-Profile und
Zugang zum Kanal

Bald war jedoch erkennbar, dass in den kanalisierten Stadtteilen die Anzahl der Krankheitsfälle um ein Vielfaches sank. Als der Ausbau der Kanalisation immer mehr fortschritt und viele Stadtteile umfasste, wurden deren Vorteile auch von den einstigen Gegnern mehr und mehr eingesehen und respektiert. Alois Erhardt hat, unterstützt von Oberbaurat Zenetti, unter schwierigen Verhältnissen das Projekt in Gang gebracht. Ende des 19. Jahrhunderts hatte München den Ruf als eine der saubersten Städte Europas.

Der Name Max Pettenkofer wurde in der ganzen Welt bekannt. Die Hygiene schien als der lang gesuchte Ausweg aus den Seuchen zu sein.

Die Voraussetzung eines sauberen Bodens war für ihn immer der Ausgangspunkt bei der weiteren Seuchenbekämpfung. Pettenkofers Überzeugung war, dass sich im Boden Miasmen bilden, die hochgiftig auch die Luft verpesten. Hier irrte Pettenkofer, doch die Bakteriologie war noch nicht so weit entwickelt, wobei sein Weg dennoch eindeutig zu den richtigen Entscheidungen führte.

1862–75 wurde das sogenannte Sielsystem, benannt nach norddeutschen Vorbildern, vorwiegend in der Schönfeld-, Max- und Ludwigsvorstadt erbaut. Ein Anschlusszwang an die Kanalisation wurde zwar festgelegt, aber vorerst nur die Ableitung von Brunnen-, Wasch-, Küchen-, Überlauf- und Regenwasser erlaubt.

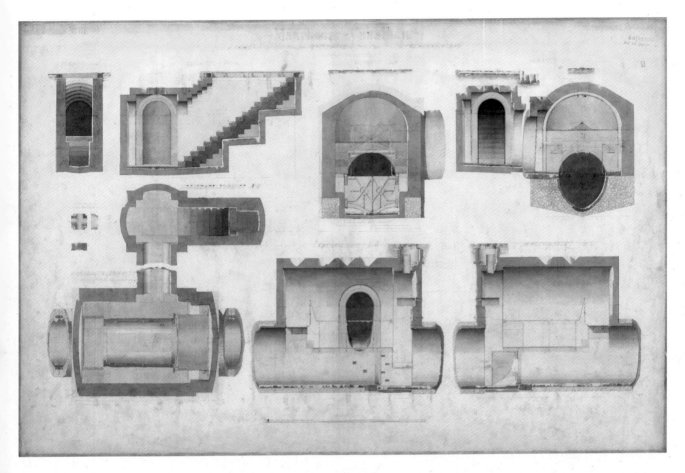

Sämtliche Siele erhielten umgekehrt eiförmige Querschnitte, gleich denen der heutigen Kanäle. Als Baustoff dienten Backsteine, Ziegel und Klinker, die mit Mörtel vermauert wurden. Der untere Teil wurde mit Quarzsandmörtel und Portland-Zement verputzt.

Die Klinker wurden in den Ziegeleien in Unterföhring und Ismaning, nach Rezepturen und Anweisungen Pettenkofers gebrannt. Den Portland-Zement ließ Pettenkofer aus England liefern, was durch erhebliche Mehrkosten zu einer gewissen Unruhe führte.

Während die ersten Kanäle entstanden, um Mitte des 19. Jahrhunderts, errichtete einer der großen Münchner Architekten, Leo von Klenze, seine Prachtbauten entlang der Ludwigstraße und sah partout nicht ein, dass Pettenkofer sich für seine „Scheißkanäle" den hochwertigen Zement aus England schicken ließ, statt den minderwertigeren einheimischen zu verwenden. Beide Persönlichkeiten, Pettenkofer und der stets eifersüchtige Streithansl Klenze, der überall Rivalität fürchtete, wurden daraufhin zum damaligen König – Maximilin II. – zitiert und mussten vorsprechen, was wie folgt überliefert ist: Pettenkofer rechtfertigte sich damit, dass seine Kanäle für die kommenden Generationen dauerhaft stabil bleiben müssen und nur bestes Baumaterial zweckmäßig sei. Das, was Klenze baut, meinte er, könnte dem nächsten Herrscher missfallen und dann eh wieder abgerissen und erneuert werden. Nach einigem Drängen von Max II. bekam Pettenkofer schlussendlich den Auftrag, die Zementqualität doch zu vergleichen, zu untersuchen und ein eigenes Rezept zu entwickeln.

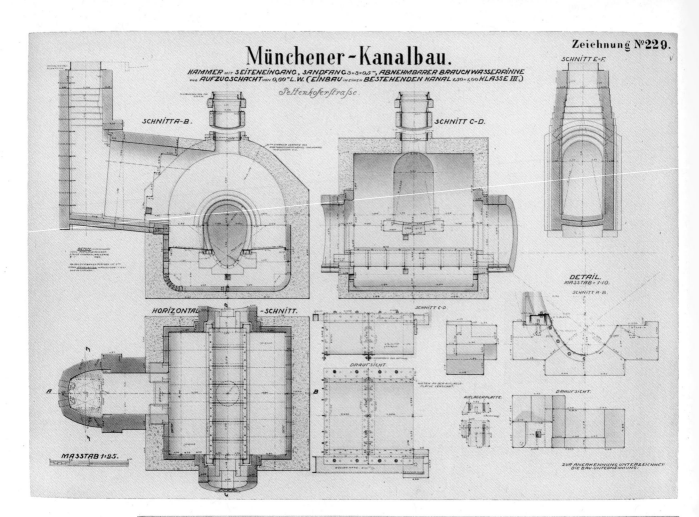

Bilder auf beiden Seiten:
Münchener Kanalbau

Zugang zum Kanal,
Requisitionswagen,
Schubkarren und
Mannloch-Deckkasten

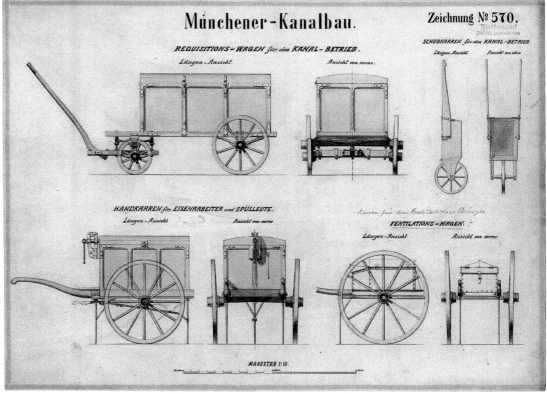

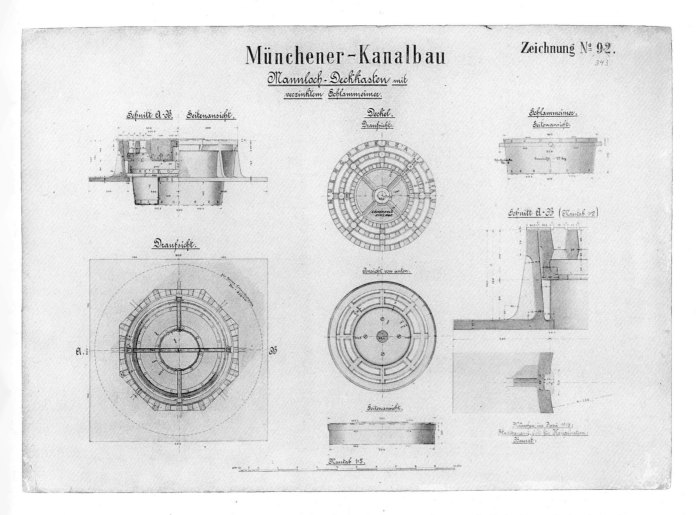

Münchener-Kanalbau

Mannloch-Deckkasten mit
verzinktem Schlammeimer.

Schnitt A-B. Seitenansicht.

Deckel.
Draufsicht.

Schlammeimer.
Seitenansicht.

Draufsicht.

Ansicht von unten.

Schnitt A-B (Maßstab 1:2)

Seitenansicht.

Maßstab 1:5.

München im Juni 1913.
Stadtbauamt, Amt für Kanalisation.
Baurat.

Portlandzement

CEM I 42,5 N

25 kg

Das Problem bestand darin, dass der deutsche Zement zwar oberflächlich relativ schnell hart wurde, der Kern darunter aber noch für Monate weich blieb. Pettenkofers anschließende Untersuchungen und eine sich daraus ergebende neue Rezeptur brachten dann dem einheimischen Zement die gewünschte Qualität und Festigkeit. Die Zuschlagstoffe waren nahezu identisch, er optimierte das Brennverfahren des Kalkes und erkannte darin die entscheidende Verbesserung. Somit gelang es Pettenkofer, den angeblich minderwertigen deutschen Mergel in einen hochwertigen Zement zu verwandeln. Ihm als Außenseiter gelang, was Fachleute aus Theorie und Praxis jahrzehntelang bereits vergeblich versucht hatten. Pettenkofer dokumentierte seine Arbeit in seiner Veröffentlichung „Über den hydraulischen Kalk"[45] und wies das richtige Brennverfahren nach. Er unternahm in der Folgezeit etliche Reisen zu den süddeutschen Zementfabriken und klärte die Hersteller über das richtige Produktionsverfahren auf.

Das war die Geburtsstunde des deutschen Zements. Wenn wir heute im Baumarkt Zement mit der Aufschrift Portlandzement kaufen, müsste er eigentlich Pettenkoferzement heißen. Pettenkofers erfolgreiche Bemühung um den deutschen Zement fand in den Reihen der Wirtschaft großen Beifall. Hofbauintendant Leo von Klenze stattete ihm in aller Form einen Dankesbesuch ab, in vielen Zeitungen ist der Fortschritt rühmend erwähnt worden und viele weitere Anerkennungen blieben nicht aus.

Die Einleitung der Fäkalien in das Kanalnetz war von Pettenkofer anfangs nicht vorgesehen. „Die Exkremente zersetzen sich und verunreinigen die Luft, den Boden, das Grundwasser und die Flüsse, in die man sie einmünden lässt. Zudem beraubt man den Landwirten den Dünger." Die Abortgruben mussten abgedichtet werden, um den Untergrund von Unrat zu verschonen. Die Münchner hatten die Auflage, die Inhalte ihrer Abortgruben vor die Stadtmauer zu bringen, damit sie die Bauern als Dünger verwerten. Dafür gab es Abfuhrunternehmen.

Hochlöblicher Magistrat!

Je mehr die ehrerbietigst Unterzeichneten mit den seit geraumer Zeit in der Presse über die verpestenden Wirkungen unseres städtischen Kanalsystems laut gewordenen Klagen und Befürchtungen ihren Erfahrungen zu Folge einverstanden sein mußten, mit desto schmerzlicherem Bedauern haben dieselben aus dem Vortrage des ~~königlichen~~ Rechtsrathes Babhauser in der Magistrats-Sitzung vom 5. September (den Zustand der städtischen Kanäle betreffend), entnommen, daß eine von der königlichen Kreisregierung zur Untersuchung derselben ernannte Commission ein befriedigendes Gutachten über dieselbe abgegeben habe. Denn, wenn an die öffentliche Darlegung der von uns seit lange beobachteten und beklagten Uebelstände sich die Hoffnung geknüpft hatte, und durch die früheren Aeußerungen des königlichen Rechtsrathes Babhauser in der Sitzung vom 17. Juni 1864 ermuthigt worden war, es möchte durch diese Darlegung auch die Abhilfe herbeigeführt werden, so mußte das erwähnte Gutachten die Befürchtung erwecken, es möchte von Seite eines hohen Magistrates da Maßregeln zur Abhilfe nicht für nöthig gehalten werden, wo eine königliche Regierungs-Commission die Uebelstände nicht finden konnte, deren Beseitigung wir so dringend wünschen müssen.

Bei der Wichtigkeit der Sache, bei deren Einfluß auf unser und der Unsrigen Gesundheit und Leben, haben wir uns denn entschlossen, uns einem hohen Magistrat ehrfurchtsvoll zu nahen, um gegen die Anschauungen jener Commission feierlich zu protestiren und einmüthiges Zeugniß abzulegen über das wirkliche Bestehen der in der Presse gerügten Uebelstände unseres Kanalsystems.

Ja, es ist wahr, und wir haben es in und an unseren Häusern und Wohnungen, oder in und an den Häusern und Wohnungen unserer Bekannten und Freunde erfahren müssen, daß dem städtischen Kanale mephitische Dünste entsteigen, theils sich durch die Verbindungs-Kanäle in die Häuser verbreiten, theils durch die Kanalöffnungen die Straßen derart verpesten, daß in Gegenden, wo vor Herstellung jener Kanäle solches nie beobachtet worden war, ein Oeffnen der Fenster und Lüften der Zimmer zeitweise unmöglich gemacht wird. Selbstverständlich hängt die größere oder geringere Intensität dieses Uebelstandes von Windrichtung, Temperatur und Feuchtigkeit der Luft, sowie von der Tages- und Jahreszeit ab, so daß derselbe mitunter weniger bemerklich, oftmals aber im höchsten Grade belästigend und unerträglich wird.

Selbst das Zeugniß derjenigen,*) welche gegen die erwähnten Aeußerungen der Presse auftreten zu müssen glaubten, hat in allen Hauptpunkten, das von uns Gesagte bestätigt, indem dieselben den gerügten Uebelstand zugeben und selbst die Straßen aufzählen, in welchen derselbe beobachtet werde. Der oben erwähnte Wechsel in den Bedingungen seiner Intensität bürgt aber dafür, daß dieser Uebelstand zu anderen Zeiten auch in den anderen Straßen, über die sich das Kanalsystem erstreckt, sich bemerkbar machen werde.

Wir wollen gerne glauben, daß zur Zeit, in welcher die königliche Regierungs-Commission ihre Untersuchung anstellte, diese Bedingungen gerade sehr günstige waren und daher die Commission verhinderten, das zu finden, was bei jener Untersuchung feststeht und von jener bei öfter wiederholter Untersuchung, ohne Zweifel auch gefunden werden würde.

Wir beabsichtigen nicht zu untersuchen, in welchen Mängeln und Fehlern des Kanalsystems der beklagte Uebelstand seine Quelle habe; wir überlassen es der Weisheit unserer Behörden, die Mittel zu dieser Beseitigung zu finden, wir wollen nur constatiren, daß er in Wirklichkeit besteht, damit ein hoher Magistrat nicht ermüde in den Bemühungen, jene Quelle zu verstopfen.

Es ist wohl unnöthig, darauf hinzuweisen, welchen Werth für die Gesundheit einer Stadt und ihrer Bewohner reine Luft habe und welcher Nachtheil für Gesundheit und Leben entstehen müsse, wenn die Luft der Straßen und Häuser durch Beimengung giftiger und stinkender Gase, wie sie unsern Kanälen entströmen, verdorben wird; wie sehr es also Pflicht sei, solcher Luftverderbniß zu steuern.

Aber in einer Zeit, in welcher die Wiederkehr einer verheerenden Weltseuche, deren Verbreitung erfahrungsgemäß, am meisten durch solche Luftverderbniß befördert wird, von allen Seiten droht, und jene sich den Grenzen des Vaterlandes bereits genähert hat, ist diese Pflicht eine gesteigerte und wir würden glauben, gegen das, was wir uns, unseren Familien und Mitbürgern schuldig sind, uns zu verfehlen, wenn wir unserem Zeugniß für das Bestehen der gerügten Uebelstände und unserem Protest gegen die Ableugnung derselben nicht die dringende Bitte an einen hohen Magistrat beifügen würden:

„Derselbe wolle mit allen ihm zu Gebote stehenden Mitteln die Beseitigung der durch das bestehende Kanalsystem ~~verpesteten~~ Luftverderbniß und der hieraus drohenden Folgen für Leben und Gesundheit der Bewohner Münchens herbeiführen und deren berechtigte Befürchtungen beruhigen, durch rückhaltlose öffentliche Kundgebung, sowohl der in dieser Beziehung bereits ergriffenen, als der ferner beabsichtigten Maßnahmen."

In der sicheren Erwartung, für diese unsere ehrerbietige Vorstellung bei einem hohen Magistrate eine wohlwollende Aufnahme zu finden, verbleiben wir

---

*) Siehe „Neueste Nachrichten" Nr. 209 und 210.

Eines hohen Magistrates der königlichen Haupt- und Residenzstadt München

München den 28. Septbr 1865.

ergebenste

M. Krug Mahr

Die Hauseigentümer weigerten sich jedoch oft, ihre Abortgruben regelmäßig zu leeren, und es war nicht selten zu hören, der üble Geruch störe nicht weiter, man sei ihn gewohnt.

Viele Bürger ersparten sich das Wegbringen und die Kosten des Abtransportes und schütteten nachts die Grubeninhalte in die Kanalisation. Ein Beschwerdebrief von Münchner Bürgern nahe dem Marienplatz schildert glaubhaft damalige Zustände. 1875 erhielt der bereits in London und dann in Frankfurt erfahrene Spezialtechniker und Ingenieur, James Gordon, vom Magistrat der königlichen Haupt- und Residenzstadt den Auftrag, ein Kanalisationsprojekt für München auszuarbeiten. Die vorhandenen Kanäle wurden möglichst belassen. Das nun entstandene Kanalnetz war mit Bedacht ausgerichtet auf eine mögliche spätere Einleitung von allen Abwässern mit Anbindung der Toiletten in die Kanalisation. Die gesammelten Abwässer gelangten zur Reinigung, über eine Anlage mit Rieselfeldern und anschließend in die Isar. Pettenkofer wählte hierfür ein Gebiet in Freimann aus, entscheidender Aspekt war dabei die Höhenlage des Münchner Stadtgebiets mit einem Gefälle der Stadt von Süd nach Nord von 95 Metern Höhenunterschied. König Ludwig II. ließ sich von Pettenkofer überzeugen, das Gut Großlappen, immerhin sechs Kilometer außerhalb der damaligen Stadtgrenze gelegen, für den Zweck einer Abwasserreinigungsanlage, sogenannte Rieselfelder, anzuschaffen, siehe den Plan von 1878 auf der rechten Seite.

Wir bedenken den Weitblick von Pettenkofer und seinen Mitstreitern, denn eine Kläranlage entstand erst 1925, also fast 50 Jahre später, aber genau an dieser geplanten Stelle und alle bisherigen Kanäle waren durch seine für die Zukunft ausgerichteten Planungen schon dafür angelegt. Die Dimension der Kanäle wurde, ebenfalls vorausschauend, bewusst weit größer als gerade notwendig gebaut, da Pettenkofer ein Wachstum der Stadt miteingeplant hatte. So leben wir heute noch mit dem Kanalnetz aus der Anfangszeit, sowohl was die Qualität als auch die Dimension betrifft.

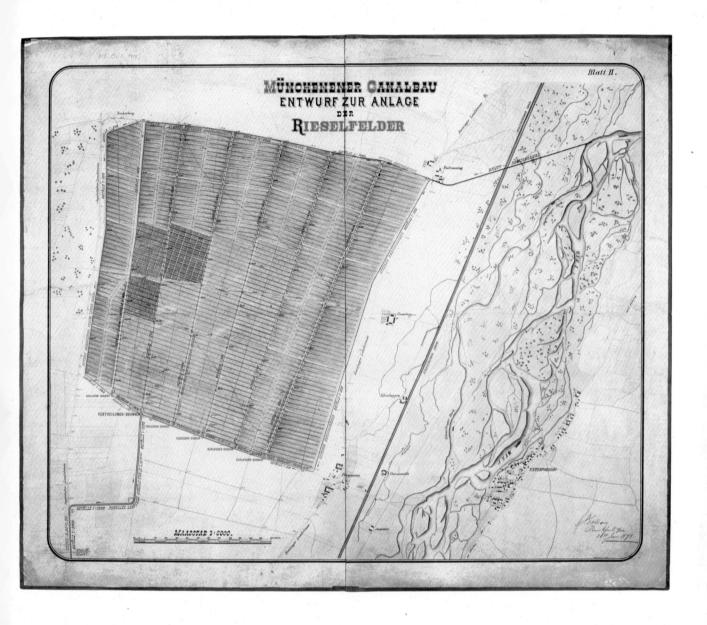

Bild auf der linken Seite:
Beschwerdebrief von Bürgern,
28. September 1865

Bild oben:
Münchenener (sic!) Canalbau,
Entwurf von James Gordon
zur Anlage der Rieselfelder,
20. Januar 1878

Nach langwierigen Überlegungen zur Einführung einer Schwemmkanalisation traten die Verantwortlichen der Stadt unter der Leitung der Stadtvertreter am 30. Dezember 1890 zusammen und legten einstimmig die Entscheidung fest: Der Anschluss der Toiletten mit Wasserspülung an die Kanäle wurde genehmigt und zur Pflicht. Für jedes einzelne WC verlangte man einen detailgetreuen Eingabeplan.

Der Begriff Schwemmkanalisation bedeutet, dass der Inhalt der Kanäle und die Fäkalien mit Wasser abgeschwemmt werden. Die Menge des Wassers resultiert aus dem Brauchwasser der Münchner Bevölkerung, einschließlich des Regens. Zudem zapfte Pettenkofer die Isar zur Spülung der Kanäle an.

Ein eigenes Kanalnetz wurde angelegt, um mit Isarwasser die Kanäle zu reinigen. Desweiteren ist bis heute der Regen ein guter Kanalarbeiter und das gute Gefälle sorgt zudem für einen komfortablen Abfluss. Seit Bestehen der Kläranlage, 1925, sind die Spülleitungen der Isar verschlossen. Bei heftigen Regenfällen ist aber nach wie vor ein Überlaufen aus der Kanalisation in die Isar möglich, um eine Überflutung zu vermeiden.

München hatte nun die Voraussetzung, zu einer gesunden Stadt heranzuwachsen. Typhus, Cholera, Pest, die Rattenplage, Unrat und üble Gerüche konnten entscheidend eingedämmt werden. Der Boden und das Grundwasser wurden rein, alle Abwässer landeten in der Isar bzw. ab 1925 in Klärwerken.

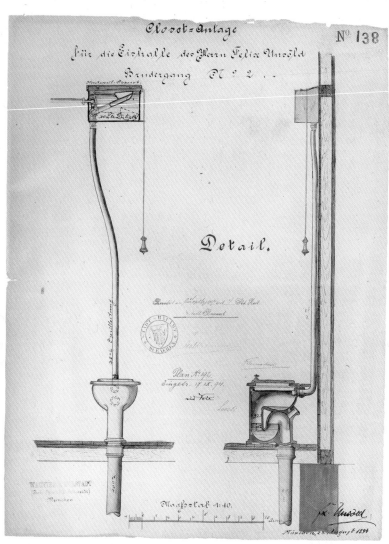

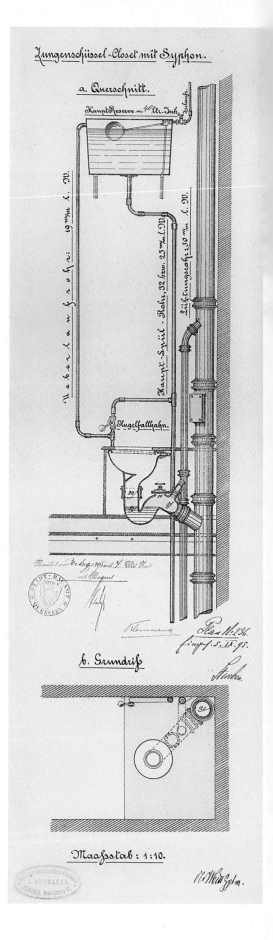

Bild links:
Closet-Anlage für die Eishalle
des Herrn Felix Unsöld,
Brudergang No. 2,
Wachter & Morstadt/
Felix Unsöld, 23. August 1894

Bild rechts:
Zungenschüssel-Closet
mit Syphon,
Installations- und Canalbau-
Geschäft J. Buchauer,
August 1895

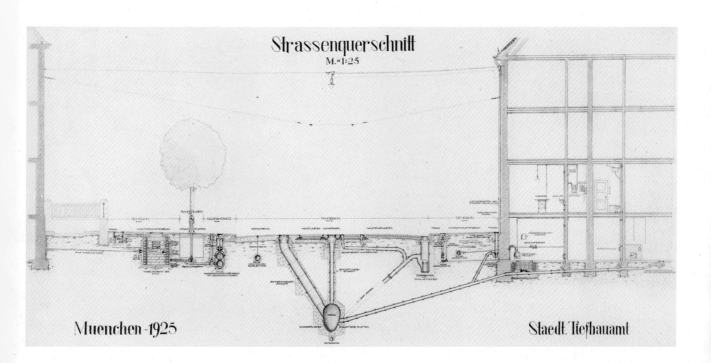

Münchener Kanalbau,
Strassenquerschnitt mit
Hausanschlüssen, Städtisches
Tiefbauamt München, 1925

Die nördlich gelegenen Orte Freising, Moosburg und Landshut hatten große Bedenken wegen der Einleitung der Münchner Abwässer in die Isar.

Pettenkofers Untersuchungen zeigten, dass in der Isar keine Wasserverschmutzungen auftreten, wenn erstens die Abwassermenge zur Flußwassermenge kein ungünstigeres Verhältnis als 1:15 aufweist, zweitens die Strömung des Flusses stärker ist als die des Abwassers, sodass sich keine Schlammbänke bilden können. Wie seine Laborwerte zeigten, hat sich die Brühe in der Wasser-Pflanzen- und Fischwelt bereits 30 Kilometer flussabwärts von München wie von selbst gereinigt. Industrie, Kunststoffe und Chemiekonzerne steckten noch in den Kinderschuhen und so musste die Isar „lediglich" natürliche Stoffe schlucken, Essensreste, Schlachtabfälle, Fäkalien, Kernseife und ähnliches. Das alles war damit zwar als Dünger verloren, sorgte aber für eine moderne Stadthygiene.

1873 grassierte in München erneut eine Choleraepidemie und Pettenkofers Forderungen nach Einhaltung seiner Hygienevorschriften bekamen immer mehr Unterstützung, besonders die Kanalisation betreffend. Die allgemeine Panik führte in jenem Jahr immerhin zu einer Absage des Oktoberfestes, wie in den gegenwärtigen Coronajahren, 2020 und 2021.

Glücklicherweise fand Pettenkofer tatkräftige Unterstützung bei den führenden Mitgliedern der Stadtverwaltung. Das waren Alois Erhardt, Erster Bürgermeister von 1870 bis 1888, dem er auch freundschaftlich verbunden war, und der Stadtbaurat Arnold Zenetti, der die ersten Kanäle plante, sowie bald darauf auch den zentralen Vieh- und Schlachthof. Ein reger Briefwechsel dieser Männer zeugt von großer Verbundenheit.

In einem seiner Kondolenzschreiben widmete Pettenkofer seinem Wegbegleiter Erhardt die Worte: „*Was hilft alle Theorie, wenn sich nicht Männer finden, welche es verstehen, Verstandenes ins Leben praktisch einzuführen. Wie oft habe ich Erhardts weitreichenden, klaren, das wichtige Ziel treffenden Blick bewundert! Dass München tatsächlich eine gesunde Stadt geworden ist, ist hauptsächlich sein Werk gewesen.*"[46]

1893 ehrte die Stadt die Verdienste von Alois Erhardt mit einem Brunnen auf der Brücke über die Isar zum Maximilianeum, gestaltet von Karl Hocheder, mit einer Büste auf dem Brunnenportal – übrigens die gleiche Büste, die sein Grab auf dem Nordfriedhof ziert. Die Büste ist das Werk des Bildhauers Wilhelm von Rümann, wie auch das Pettenkofer-Denkmal am Maximiliansplatz.

Grabmal von Dr. Alois Erhardt, Rechtskundiger 1. Bürgermeister von München (1831–1888), Nordfriedhof

Erhardt-Brunnen an der Maximiliansbrücke, Entwurf von Karl Hocheder von 1893, neu enthüllt 1959

1945, nach dem Zweiten Weltkrieg war die Innenstadt derart zerstört, dass auch intensiv an eine völlig neue Struktur der Straßenführung und Ausrichtung der Gebäude in der Innenstadt gedacht wurde ohne Rücksicht auf die alten Bauten und Straßen, die ja überwiegend in Schutt und Asche lagen. Doch während der Planungen stolperte man rasch über das noch tadellos in Funktion befindliche und ausreichend dimensionierte Abwasserkanalnetz, das alle Kriegswirren nahezu schadlos überstanden hat. So war der gute Zustand der Kanalisation ein entscheidender Grund, um die Münchner Innenstadt weitgehend nach historischem Vorbild wieder aufzubauen – Pettenkofer sei Dank.

Die Erkenntnisse von Pettenkofer zu den grundsätzlichen Fragen der Hygiene im Stadtleben und seine Forderungen, die er unermüdlich und mit großer Energie der Bürgerschaft und dem Stadtmagistrat vorgetragen hat, waren die Grundvoraussetzung für die Entwicklung der Stadt München zu einer modernen Großstadt. Auch wenn sich herausgestellt hat, dass Pettenkofer in seiner wissenschaftlichen Analyse der Übertragung der Cholera geirrt hat, waren die Maßnahmen, die er propagierte, die richtigen.

Grabmal von Arnold von Zenetti (1824–1891), Städtischer Oberbaurat, Alter Südlicher Friedhof

Vignette zum Artikel „Schwemmkanalisation" in: Festschrift der LXXI. Versammlung Deutscher Naturforscher und Ärzte, gewidmet von der Stadt München, 1899. Entwurf der Vignette: Fritz Hegenbart

Trinkwasserversorgung

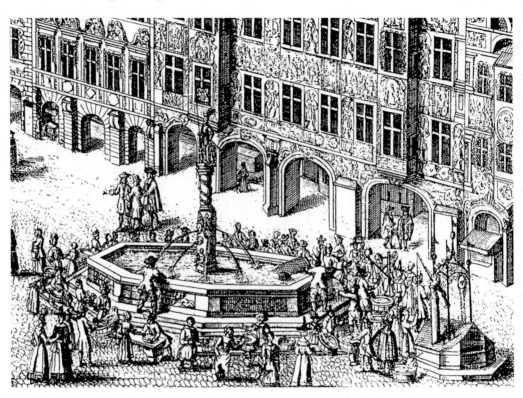

Der Fischbrunnen und daneben ein alter Pump- und Ziehbrunnen am Fischmarkt (heute Marienplatz), Michael Wening, 1700

Die Versorgung Münchens mit ausreichend einwandfreiem Wasser war ein weiterer wichtiger Bestandteil von Pettenkofers Forderungen zu einer neuen Stadthygiene. Obwohl eine große Anzahl der städtischen Brunnen gutes Wasser lieferte, waren doch sehr viele, vor allem die sogenannten Privatbrunnen, in ihrer Wasserqualität sehr mangelhaft. Die Münchner bezogen ihr Wasser aus zwölf öffentlichen und zweihundert privaten Brunnen. Schon 1867 sammelte Pettenkofer das Hangwasser der Böschungen zur Isar in Thalkirchen und speiste damit das Pettenkoferbrunnwerk und weitere Brunnenanlagen entlang des Isarhochufers. Mit der gleichen Hartnäckigkeit, wie es bei dem Ringen um eine Kanalisation der Fall war, betrieb er den Bau einer zentralen Wasserversorgung. Wiederum sah er sich enormen Widerständen ausgesetzt. Er veröffentlichte Zeitungsartikel, hielt Vorträge, ging von Tür zu Tür und warb mit allen Mitteln für seine Idee.

Pettenkofer legte größten Wert darauf, dass jeder nachzudenken habe, ob seine Sitten und Gebräuche ihn gesundheitlich schädigen könnten. Er wagte es sogar, eine Bekämpfung der Trinksitten und des übermäßigen Alkoholgenusses zu fordern. Er fragte, ob die Luft in den Bierlokalen bis in die späte Nacht hinein und der ungezügelte Alkoholgenuss wohl eine Erholung seien.

In der Bierstadt München traute er sich zu sagen, dass Wasser ein herrlicheres und unentbehrlicheres Getränk als das beste Bier und der schönste Wein sei, und wenn nicht reichlich Wasser bis in die höchsten Stockwerke geführt würde, sei eine richtige Hygiene nicht möglich. Dafür müsse auch ein Preis gezahlt werden. Mit Pettenkofers Worten heißt das: „Wir zahlen für Bier und Wein, für Kaffee und Tee hohe Preise und dokumentieren damit, wie viel sie uns als Genussmittel wert sind. Daher ist es bestimmt gerechtfertigt, auch für ein gutes Glas Wasser, das uns schmeckt, etwas zu bezahlen, denn das Wasser gehört zu den allernatürlichsten und unschuldigsten Genussmitteln.

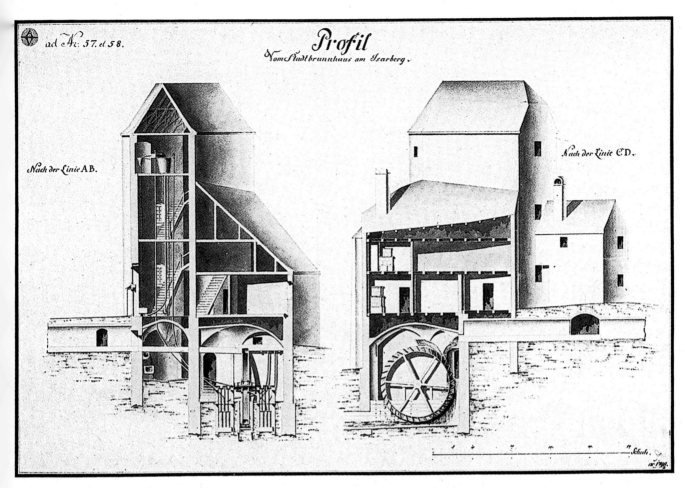

Profil

Vom Stadtbrunnhaus am Isarberg.

Nach der Linie AB.

Nach der Linie CD.

Jede Stadt handelt vernünftig, dem Wasser unter den Gaumenfreuden eine hervorragende Stelle zu verschaffen, denn das lohnt sich im Interesse der Gesundheit."[47]

Pettenkofer erkannte bei seinen ausgedehnten Wanderungen im bayrischen Voralpenland, dass aus den Böschungen der Mangfall Quellen treten, deren Wasserqualität und Reichtum eine Versorgung der Stadt München ermöglichen würden. Dieses Trinkwasser war (und ist) kalkhaltig und von einer einwandfrei gesunden Beschaffenheit, so sehr, dass keinerlei chemische Desinfektionsstoffe zusätzlich notwendig waren und es bis heute nicht sind.

Pettenkofer konnte König Ludwig II. von einer Trinkwasserversorgung aus den Mangfall-Quellen überzeugen. So erhielt er 1872 den Auftrag, eine Wasserversorgung für München für die nächsten 100 Jahre auf die Beine zu stellen. Die Bevölkerung war allerdings zunächst wenig begeistert, da für Frischwasser und Abwasser jetzt gezahlt werden musste, wo doch bisher beides kostenfrei war.

Stadtbrunnhaus auf dem Isarberg (am Gasteig). Das städtische Brunnhaus bestand bis 1886.

Das Pettenkoferbrunnhaus wurde vom Dreimühlenbach versorgt und auf Betreiben von Max von Pettenkofer 1865 in Betrieb genommen, es bestand bis 1921.

Aquädukt für die Quellwasserleitung über den Teufelsgraben
bei Grub

Die Planung und Durchführung dieser Wasserversorgung und der Bau der Leitung mit 35 km
Länge in freiem Gefälle, ganz ohne Pumpbetrieb,
dauerte von 1874 bis 1883. Wieder war Bürgermeister Erhardt ein ganz enger Begleiter bei allen
Wasserfragen.

München hatte und hat bis heute von allen Groß-
städten Deutschlands wohl mit das beste und das
mit Keimen am wenigsten belastete Trinkwasser.
Zunächst wurden die städtischen Brunnen mit
diesem Wasser gespeist, auch der Wittelsbacher
Brunnen am Lenbachplatz, und die Bürger konnten
sich dort mit Wasser versorgen. Nach und nach
konnte die zentrale Wasserversorgung über die
ganze Stadt installiert werden. In den 1960er-Jah-
ren entstanden im Forstenrieder Park größere
unterirdische Auffangbecken, um diese nachts,
wenn weniger Wasserbedarf anfiel, zu befüllen
und tagsüber dem Verbrauch anpassen zu können.
Zusätzlich wurden auch Quellen der Loisach vor
Garmisch angezapft und garantieren die ausrei-
chende Versorgung Münchens, wobei heute
ca. ¾ der Wassermenge aus dem Mangfalltal und
¼ aus dem Einzugsgebiet der Loisach kommen.
Chlorzusätze werden nur in seltenen Hitze- oder
Trockenzeiten vorsorglich zugegeben.

Grundwasserfassung in Reisach,
Grundriss und Schnitt des Haupt-
verteilungsschachts

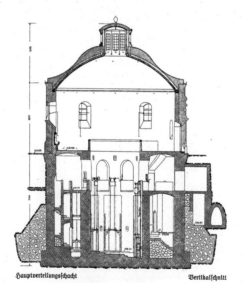

Hauptverteilungsschacht   Vertikalschnitt

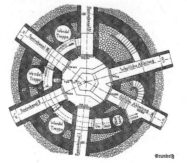

Grundriß

Der Wittelsbacher Brunnen
wurde am 12. Juni 1895 zur
Fertigstellung der neuen
Quellwasserleitung aus dem
Mangfalltal eröffnet.

So ist das Wasser, das wir in München aus dem Wasserhahn entnehmen, reines Quellwasser, ohne Zusätze und ohne es pumpen zu müssen. 24 Stunden vorher hat es sich noch im Berg befunden. Als ehemaliges Regenwasser ist es während einer Reise von 20 Jahren durch den Berg zur Quelle gesickert.

Eine von Pettenkofers Spitzfindigkeiten: „Das Wasser jeder Quelle und jedes Brunnens ist über zahlreiche Leichen gegangen. Alles trinkbare Wasser stammt aus der Atmosphäre. Die ganze Oberfläche der Erde, auf die es fällt, wimmelt von Leichen, und man kann nicht annehmen, daß die todten Regenwürmer, Insekten, Eidechsen, Mäuse, Maulwürfe usw. bei ihrer Verwesung anders wirkende Produkte liefern sollten, als die todten Menschen."[48]

Müllersches Volksbad an der
Ludwigsbrücke, 1901 eröffnet,
Architekt Carl Hocheder

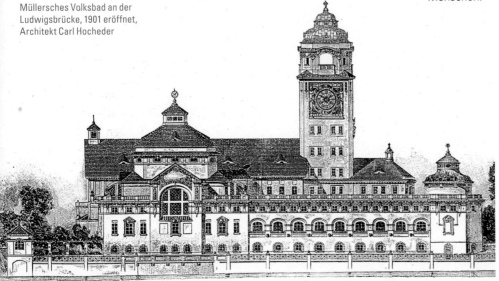

Neben Wasser und Abwasser als Fürsorge um die Stadthygiene erhob Pettenkofer die Forderung, innerhalb der Städte zusätzlich Grünflächen anzulegen, im Interesse der vielen, die keinen eigenen Garten neben ihrem Haus haben. Nicht weil sie Lungen der Stadt seien, in denen sich die Luft mit Sauerstoff anreichert, sondern vor allem wegen des Schattens und der Ruhe, die sie den gehetzten Menschen geben – und dazu ein frisches Glas reines Leitungswasser.

Vieh- und Schlachthof

Ein weiteres wichtiges Problem war für Pettenkofer das einer hygienisch einwandfreien Fleisch-
versorgung.

Mitte des 19. Jahrhunderts gab es in München
ca. 800 einzelne Schlachtstätten, verteilt auf einzelne Metzger, Bauern, Wirte, Garküchen und
Wurstmacher. Die bei jeder Schlachtung anfallen-
den Abfälle, der Inhalt der Gedärme, die Knochen
und Flachsen, der Blutanfall und die Tierhäute
landeten auf den Hofflächen, auf den Straßen, in
Bächen oder Gruben oder wurden der Verwesung
überlassen. Die Reformvorschläge von Pettenkofer zielten auf die Verbesserung dieser unhygienischen Zustände hin.

1878, nach jahrelangem Ringen, gelang es Pettenkofer, das Schlachtwesen zusammenzufassen.
Die Metzger, Küchen, Gastwirte und Wursther-
steller liefen Sturm und protestierten lautstark, als
Pettenkofer die Einrichtung eines Zentralschlacht-
hofes forderte. Dem Geschrei seiner Gegner
setzte er nur ein Argument entgegen:
die Gefährdung des Untergrundes durch Fäulnis-
stoffe. Das Areal für den Schlachthof, südlich des
Sendlinger Tores, war wiederum für die Zukunft
ausgerichtet und so groß dimensioniert, dass es
sogar bis in die heutige Zeit ausreichend ist. Die
Zenettistraße, an der heute noch das Schlachthof-
gelände liegt, ehrt mit ihrem Namen seinen
Erbauer. Bereits zwei Jahre nach der Eröffnung
des Vieh- und Schlachthofs 1878 waren 60 %
weniger Typhusfälle zu beklagen.

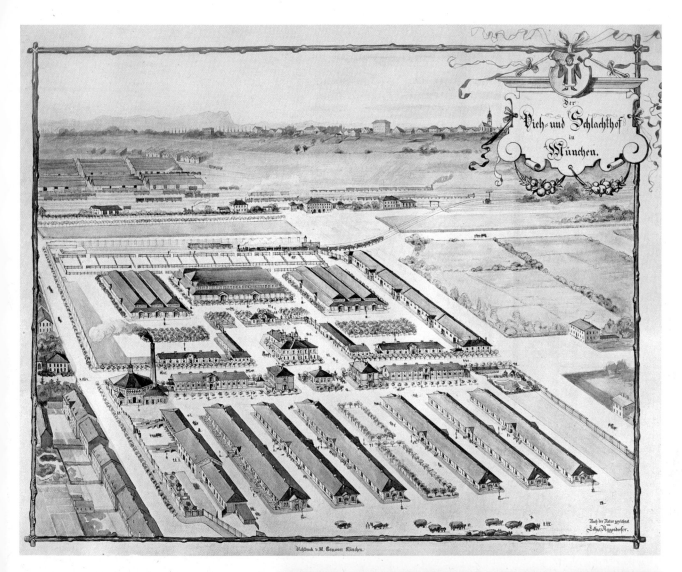

Der Vieh- und Schlachthof in München.

Bis zum Ende des 19. Jahrhunderts sank die Sterblichkeit in der Stadt durch Cholera und Typhus erheblich. Der Begründer der wissenschaftlichen Hygiene hatte damit bewiesen, dass seine Maßnahmen gegen die Seuchen wirksam gewesen sind. Größtmögliche Reinlichkeit, Durchlüftung der Wohnungen, Desinfektion aller Gegenstände, die mit Kranken in Verbindung kommen, Abschaffung der Abortgruben, reines Trinkwasser, Freihaltung des Erdreichs von Schmutz und Unrat und Einführung einer Schwemmkanalisation: All diese Schritte führten zum Erfolg gegen Seuchen, bewirkten ein gesünderes Leben in der Stadt und brachten Pettenkofer Anerkennung und internationales Ansehen.

Der Bakteriologe Robert Koch

Robert Koch (1843–1910), Mikrobiologe und Hygieniker, Fotogravur nach einer Fotografie von Wilhelm Fechner, um 1900

Der Bazillus war unzweifelhaft der Cholera-Erreger und die Art seiner Verbreitung konnte auch das Seuchengeschehen weitgehend erklären. Das Trinkwasser spielte hierbei eine wesentliche Rolle als Überträger.

„Im Sommer desselben Jahres besuchte Koch, während eines Zwischenaufenthaltes, Pettenkofer in München. Auf die Frage, ob der Cholera-Vibrio Pettenkofers Choleratheorien zu erklären vermochte, konnte Koch nur antworten, er sei ohne alle Theorien an die pathologisch-bakteriologische Erforschung der Krankheit gegangen, habe bei allen typisch Erkrankten den Vibrio gefunden und seine Eigenschaften außerhalb des Körpers umfassend studiert und werde daran weiterarbeiten. Er würde sich aber freuen, sich auch bald eingehend mit Pettenkofers Standpunkt zu beschäftigen, wozu er leider noch nicht genügend Zeit gefunden hätte. Pettenkofer sei entsetzt gewesen, dass man so denken und arbeiten könne. Er habe fast die ganze Forscherwelt auf seine Seite gebracht und seine Cholerastudien konnten doch nicht völlig beiseite geschoben werden mit dem Kommentar, man habe noch keine Zeit gefunden."[49]

Mehrere Wissenschaftler arbeiteten noch lange in verschiedene Richtungen, doch die immer exakt richtige Methode wird es wahrscheinlich sowieso nie geben.

Vom 4. bis 8. Mai 1885 waren beide, Koch und Pettenkofer zur zweiten Cholerakonferenz im kaiserlichen Gesundheitsamt geladen. Nach einem längeren Vortrag Robert Kochs über seine Erfahrungen mit Cholerabakterien, unter besonderer Berücksichtigung ihrer Dauerfähigkeit, ergriff Max von Pettenkofer das Wort und betonte ausführlich, dass er einer bakteriologischen Autorität, wie Koch es ist, von einem epidemiologischen Standpunkte aus noch immer entschieden widersprechen müsse:

„Die von Koch zuerst entdeckte und von vielen Sachverständigen nun auch bestätigte Konstanz des Befundes ist eine sehr große Bereicherung unseres pathologischen Wissens über die Cholera,

Parallel zu Pettenkofers Errungenschaften kam die fundamentale Entdeckung, die Robert Koch (1843 – 1910) erbrachte, indem er 1876 die Bakterien als Ursache vieler Seuchen erkannte und damit die Übertragung von Mensch zu Mensch durch die Vermehrung der stets im Körper vorhandenen Bakterien nachwies.

Pettenkofer versuchte 1881, Robert Koch als Mitherausgeber für sein geplantes „Archiv für Hygiene" zu gewinnen, was zwar auf freundliches Interesse stieß, aber letztendlich doch vergeblich blieb. Koch entdeckte 1884 den Cholerabazillus. Ihm gelang es nach intensiver Arbeit aus dem Darminhalt Cholerakranker einen Bazillus zu isolieren und durch eine Einfärbmethode sichtbar zu machen.

aber für sich allein noch nicht genügend, die ursächliche Bedeutung der Kochschen Kommabazillen für die Cholera zu erweisen. Es läßt sich ebensogut annehmen, daß sie aus den im normalen Intestinaltraktus enthaltenen Sprillen und Vibrionen hervorgehen und infolge des Cholera-Prozesses nur ihre günstige Existenz- und Entwicklungsbedingungen finden. … Wenn wir in manchen Beziehungen auch andere Ansichten haben, so verfolgen wir doch dasselbe Ziel. Man kommt nicht bloß immer dadurch zusammen, daß man miteinander geht. Ich bitte also meinen Ausführungen, die vielleicht in einer etwas scharfen Weise geschehen sind, keine persönlichen Motive beizumessen. Ich lebe jetzt so lange mit den Cholera-Ideen, daß mich gewisse Gedanken absolut beherrschen. Ich kann nicht anders denken und stütze mich immer auf die gemachten Erfahrungen und auf Tatsachen. Ich bitte also, in dem Fall, daß ich irgend jemand und namentlich auch Herrn Geheimrat Koch etwas schärfer erwidert habe, es nur aus sachlichem Eifer zu erklären." Dieses persönliche Schlusswort kommt einer Entschuldigung für seine Hartnäckigkeit gleich.

Einige Male kreuzten sich noch die Wege dieser Ausnahmewissenschaftler, auch durch Schüler oder Mittelsmänner, aber man darf annehmen, dass eine restlos übereinkommende, herzliche Atmosphäre nicht mehr zustande kam.

Koch kümmerte sich allgemein etwas weniger um den Menschen, und zeigte kaum Interesse am Patienten als Person, das jeweilige Ergebnis seiner Forschungsarbeit stand im Vordergrund. Pettenkofer wird jedoch stets als Menschenfreund und einfühlsamer Verbündeter beschrieben, er gab jedem das Gefühl der Wertschätzung. Diese gegensätzlichen Ansätze bei ihren vielfältigen Arbeiten belegen einmal mehr die unterschiedlichen Charaktereigenschaften dieser beiden Dickköpfe.

Pettenkofer hielt an seiner Choleratheorie fest, der Seuchenverlauf beruht nach seinen Erkenntnissen auf der Örtlichkeit, den Bodenverhältnissen, der Bodenfeuchte und den Hygienebedingungen.

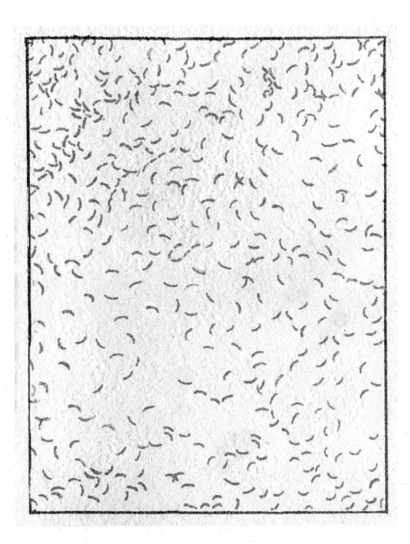

Eindeutig waren beide auf dem richtigen Weg, um Seuchen einzudämmen, aber der exakt wissenschaftliche Nachweis gelang offenkundig Robert Koch, was Pettenkofer nicht anerkennen wollte.

Cholera-Bazillen unter dem Mikroskop, aus Meyers Konversationslexikon 1885

Voller Schmerz und Enttäuschung musste er feststellen, dass sich immer mehr Ärzte und Forscher von seiner Theorie ab- und den bakteriologischen Grundlagen von Robert Koch zuwandten. Als 1892 in Hamburg die Cholera ausbrach, innerhalb weniger Wochen über 8.600 Menschen dahinraffte und Robert Koch den endgültigen Beweis dafür lieferte, dass die Krankheit direkt durch Ausscheidungen und verseuchtes Trinkwasser verbreitet werde, besann sich Pettenkofer, einen endgültigen Beweis für seine Theorie zu schaffen.

Der Selbstversuch

Max von Pettenkofer, um 1900

„Niederschreiben?", knurrt der Alte. „Nachdem Koch an Ort und Stelle Untersuchungen angestellt hat, glaubt uns kein Mensch mehr. Schreiben nützt da nichts, wir müssen Beweise beibringen. Was hat denn der Koch bisher bewiesen? Dass der Erreger der Cholera ein kommaförmiger Bazillus sei, na schön. Das spricht nicht gegen unsere Erfahrungen. Was da aus dem Erdboden kriecht und uns krank macht, haben wir nie genau definiert. Mag es also ein Bazillus sein. Wenn Koch jetzt aber in Abrede stellt, dass der Bazillus aus dem Erdreich stammt, dann ist das eben eine Behauptung, aber kein Beweis." Jetzt zeigt der ungebeugte Pettenkofer, dass er nicht aus Altersstarrsinn an seiner Überzeugung festhält. Er lässt sich eine Bazillenkultur schicken. Er wollte Cholera-Bazillen in Reinkultur aufnehmen, um zu zeigen, dass sie allein nicht im Stande seien, die Krankheit hervorzurufen. Es war ein ungeheures Wagnis, bei dem er sein Leben für seine wissenschaftliche Überzeugung aufs Spiel setzte."[50]

Einige seiner Schüler wollten sich für ihren Lehrer opfern, aber Pettenkofer kam sofort auf den Punkt: „Ich will nach dem alten ärztlichen Grundsatz handeln: fiat experimentum in corpore vili. Ich habe das Recht, mich als wissenschaftlichen Körper zu betrachten, ich bin 74 Jahre alt, leide seit Jahren an Glykosurie, habe keinen einzigen Zahn im Mund und spüre auch sonstige Lasten des hohen Alters. Selbst wenn ich mich täuschte und der Versuch lebensgefährlich wäre, würde ich dem Tod ruhig ins Auge sehen; denn es wäre kein leichtsinniger oder feiger Selbstmord, ich stürbe im Dienste der Wissenschaft wie ein Soldat auf dem Felde der Ehre. Gesundheit und Leben sind, wie ich schon oft gesagt habe, allerdings sehr hohe Güter, aber doch nicht die höchsten für den Menschen. Der Mensch, der höher stehen will als das Tier, muss bereit sein, auch Leben und Gesundheit für höhere ideale Güter zu opfern."[51] Diese Einstellung charakterisiert den ganzen Menschen Pettenkofer.

Der Versuch wurde am 7. Oktober im Kurssaal des Hygienischen Instituts vor Zeugen vollzogen. „Unbestreitbare, einwandfrei experimentelle Infektionsversuche mit Kommabazillen können nur am Menschen gemacht werden," betonte er.

Nach langem Hin und Her entschloss sich Pettenkofer 1892 zu seinem berühmt gewordenen Selbstversuch.

Herbert Schrader beschreibt die Szene folgendermaßen: Er brummt seinen Assistenten Dr. Emmerich an: „Haben Sie das gelesen, da behauptet dieser Koch, nicht der Dreck und die Ausdünstungen, sondern Kommabazillen wären für die Cholera verantwortlich gewesen. Und jeder glaubt es ihm unwidersprochen." „Wir sollten unsere Ansicht über die Ursachen der Cholera unmissverständlich niederschreiben," schlägt der Assistent vor.

Pettenkofer nahm 1 ccm einer Bouillonkultur zu sich, die er sich von Koch ohne Angabe des Zweckes erbeten hatte. Es waren mehr als 1 Milliarde Cholerabazillen darin. Die Lösung war noch keine 24 Stunden alt und sein Magen war um Viertel nach 9 noch fast leer. Am nächsten Tag zeigten sich keine Symptome. Am 9. Oktober, dem dritten Tag nach der Einnahme, trat morgens starkes Gurren in den Gedärmen auf, nachmittags und abends dünner Stuhl. In der Nacht und am 10. Oktober sehr dünne, fast farblose Ausleerungen, dazu starkes Kollern im Leibe, das bis zum 13. andauerte. Die Ausscheidungen wurden laufend untersucht, wobei enorme Mengen lebensfähiger Choleraerreger abgesondert wurden. Tag für Tag legte er den Weg von der Residenz bis zu seinem Institut in der Findlingstraße, heute Pettenkoferstraße, zu Fuß zurück. Vom 7. Tag an war nichts Abnormes mehr wahrzunehmen und er hatte die Tortur nahezu schadlos überstanden. Er schloss daraus, dass der Cholerabazillus an sich wohl Durchfall erzeugen kann, aber keinen Brechdurchfall, weder einen europäischen noch einen asiatischen.

Über die Ursache des glimpflichen Verlaufs wurde anschließend viel spekuliert. Anzunehmen sind folgende drei Überlebensgründe:
• Pettenkofer war 1854 bereits von einem Choleraanfall betroffen und hat sich wohl zudem bei seiner andauernden Forschung im Gebiet der Cholera nach und nach selbst immunisiert.
• Es wurde auch gemunkelt, dass seine Studenten die Trinklösung verdünnt haben
• oder drittens, dass Robert Koch ahnte, was Pettenkofer vorhatte, und ihm eine schwächere Lösung übermittelte.

Der Versuch hat gezeigt – und das war für ihn wichtig – dass die Ursache der Cholera mit einer einzigen Antwort, wie einer bakteriellen Übertragung von Mensch zu Mensch, nicht erklärt werden kann. Auch nach diesem Selbstversuch und der umfangreichen Polemik, die sich anschloss, ließ Pettenkofer nicht nach, seine Theorie zu stützen und zu verteidigen.

Pettenkofers Lehre von der Entstehung der Cholera hatte sich in Teilen der Fachwelt als ein Irrtum erwiesen, aber dass er durch die Verbesserung der hygienischen Verhältnisse in den Städten entscheidend für die Ausmerzung von Seuchen beigetragen hat und für die Erforschung der wahren Ursachen der Cholera ohne Zögern sein Leben einsetzte, hat ihm wieder Hochachtung, über alle Grenzen hinweg eingebracht.

Einer seiner Assistenten, der spätere Professor Dr. Emmerich, wiederholte ohne Pettenkofers Wissen den Selbstversuch seines Chefs. Auch bei ihm stellten sich keinerlei Anzeichen einer akuten Cholera ein, Durchfall und mittlere Fieberanfälle musste er über sich ergehen lassen. Nach drei Tagen waren alle Nebenwirkungen abgeklungen. Diese beiden Selbstversuche erregten in der ganzen deutschen Fachwelt ein erhebliches Aufsehen. Über den Mangel an oft böswilliger Kritik brauchte sich Pettenkofer nicht zu beklagen. Doch neben diesen unliebsamen Reaktionen überwogen doch Respekt, ja Bewunderung, die seinem Selbstversuch entgegengebracht wurden.

Pettenkofer hat einmal zugegeben, dass er nur eine der Freuden des Daseins, nämlich die Arbeit, nicht vernachlässigt habe, alles andere sei aber zu kurz gekommen. Ein ruhiges Familienleben, ein geselliger Kreis von Freunden, die Erholung in der Natur, künstlerische Erlebnisse, das alles hat er der rastlosen Tätigkeit zum Wohle der Menschheit geopfert, bzw. das war seine Bestimmung oder es wurde ihm mit auf den Weg gegeben. Für Pettenkofer war, neben neben einem sauberen menschlichen Körper, auch die Seriosität der Lebensführung eine untrennbare Einheit. Alle Maßnahmen zur Erhaltung der Volksgesundheit, so äußerte er sich immer wieder in seinen Vorlesungen, seien wichtiger, als die Bekämpfung von Krankheiten. Vorbeugen ist besser als Heilen, war seine Devise.

Es folgten noch einige Arbeiten und Studien über die Cholera, aber auch auf anderen wissenschaftlichen Gebieten blieb sein Interesse rege, insbesondere auf dem Gebiet der Physiologie und der praktischen Hygiene.

Der Schreibtisch von Max von Pettenkofer

Ein wichtiger Begleiter durch alle seine Lebenslagen war ihm immer sein Arbeitsplatz, sein Schreibtisch. Lange Tage und Nächte verbrachte Pettenkofer an seiner Gedanken- und Schreibstätte.

Dieser Schreibtisch geriet nach dem Ableben von Pettenkofer in die Hände von Werner Bergengruen, einem seiner Neffen, und landete schließlich über einen An- und Verkauf bei Thomas Mann, laut Angaben aus dem privatem Umfeld von Pettenkofer.

Werner Bergengruen, 1892–1964, war Schriftsteller und Journalist. Über genau diesen Schreibtisch sinnierte Bergengrün in seinem Essay „Schreibtischerinnerungen":

„... Was habe ich in meinem langen Schriftstellerleben gedacht, geschrieben, verschwiegen an meinem alten Schreibtisch, der einst im 19. Jahrhundert, dem Pharmazeuten und Doktor der Heilkunde Max von Pettenkofer gehörte? [...] Rücke ich alle Zeugnisse seines Lebens, die mir erreichbar wurden, zueinander, so bleibt mir nichts übrig als diesem Manne alle Sympathie meines Herzens, ja, klar gesprochen, nichts anderes als meine Liebe zuzuwenden."[52]

Gegen Ende der 20er Jahre gelangte dieses gut gearbeitete Möbelstück in die Hände von Thomas Mann. Viele Abbildungen zeigen Thomas Mann an diesem Arbeitsplatz. Man kann sagen, dieser Schreibtisch wanderte quasi vom Hygienepapst zum Literaturpapst. Nach den Kriegswirren 1945 tauchte der Tisch nicht mehr auf.

Pettenkofer an seinem Schreibtisch

Arbeitszimmer des Schriftstellers Thomas Mann mit dem Schreibtisch Pettenkofers

Der Pettenkofer-Brunnen

Am 19. August 1895 tagte der „Verein gegen den Missbrauch geistiger Getränke" in München im großen Saal des Alten Rathauses, unter der Leitung von Geheimrat Max von Pettenkofer. Es stand eine öffentliche Sitzung an über das Thema: Wie läßt sich übermäßiger Alkoholkonsum eindämmen.

Pettenkofer erkannte, wie eng verknüpft die Gesundheitspflege mit dem gesamten Zustand unserer Zivilisation und Kultur ist. Es blieb ihm ihre Abhängigkeit von den wirtschaftlichen und sozialen Verhältnissen ebenso wenig verborgen, wie die von unseren Sitten und Gewohnheiten. Hier lässt sich hervorheben, mit welcher Wärme und Kraft er im höchsten Alter noch den Missbrauch des Alkohols und den Trinkunfug, nicht nur unter der akademischen Jugend, sondern im Allgemeinen bekämpfte. Mit Vorträgen, Bekanntmachungen und Zeitungsartikeln sollten die Bürger auf ein maßvolles Trinkverhalten hingewiesen werden.

Von diesem „Verein gegen den Mißbrauch geistiger Getränke" wurde 1899 anlässlich des 80. Geburtstages seines Gründungsmitgliedes und hochverdienten ersten Vorstandes, Max von Pettenkofer, ein Brunnen errichtet und am 17. September 1899 der Öffentlichkeit übergeben. Standort war die Außenwand der Alten Akademie. Der Verein beauftragte Franz Paul Stuhlberger als ausführenden Architekten.

Die Brunnenform entwarf er, nach Beratung mit dem Bildhauer Adolf von Hildebrand, in einer dem Stil der benachbarten Michaelskirche angepassten Form. Die Wandverkleidung und das Becken aus rotem Marmor tragen Motive der deutschen Renaissance. Das kleine Bronzemedaillon, nach einem Entwurf von Hildebrand, zeigte den Kopf von Pettenkofer in Lebensgröße nach links gewendet. Der Guss entstand in der königlichen Erzgießerei Ferdinand von Miller, mit einem Bronzegewicht von 4 kg und einem Durchmesser von 28 cm.

Pettenkoferbrunnen an der Alten Akademie, Neuhauserstraße, Zeichnung von F. P. Stulberger, Juni 1899, Hochbauamt der Stadt München

Postkarte um 1900

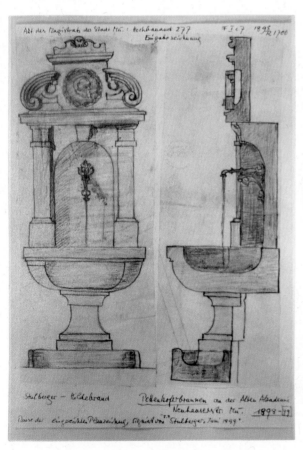

Das Porträtrelief entstand als Auftrag für den Brunnen bzw. für eine Plakette, für beides kam es jedenfalls zur Ausführung. Das Wasserbecken am Brunnenfuß entsprach einem ausdrücklichen Wunsch von Pettenkofer, es war speziell als Hundetränke angedacht.

Seine Vorstellung war ein Brunnen in hübscher, aber einfacher Form. Die Stadt wurde gebeten, die Speisung dieses öffentlichen Trinkbrunnens auf Gemeindekosten zu übernehmen, was wortreich bewilligt wurde. Es sollte allen und jedem jederzeit ermöglicht werden, kostenfrei gesundes Trinkwasser zu sich zu nehmen, um damit auch den Alkoholmissbrauch zu reduzieren. Der Becher rechts an einer Kette lud zum Trinken ein.

Am 9. November 1898 gibt hierzu bereits Theodor Fischer, 1862–1938, einer von Münchens großen Baumeistern, einen Kommentar ab: „Der einspringende Platz an der Alten Akademie in der Neuhauserstraße sei geeignet für einen monumentalen Brunnen, aber das kleine Pettenkoferbrünnlein

Ostseite der Alten Akademie an der Neuhauser Straße. Der Pettenkofer-Brunnen steht zwischen der linken Gebäudeecke und dem Eingangstor, 1914

Der Brunnen wurde am 17. September 1899 eingeweiht.

wird die Aufstellung eines großen Brunnens nicht hindern." Das fachmännische Urteil war sehr hilfreich, um eine positive Bewertung für den Brunnen bzw. das Brünnchen und den Standort zu erhalten. Der heute dort in diesem Eck der Füßgängerzone befindliche bronzene „Richard Strauss Brunnen" entstand 1962 und zeigt wieder einmal die Weitsicht der damaligen Generation.

Im Zweiten Weltkrieg, 1944, wurde die Alte Akademie von Bomben zerstört und der beschädigte Brunnen dann 1954 gänzlich abgetragen. 2019 begab ich mich auf die Suche nach Überresten des Brunnens, besonders nach dem Pettenkoferrelief, auf allen Münchner Bauhöfen und in allen Archiven. Leider waren keinerlei Brunnenreste mehr zu finden, aber ich gebe noch nicht auf und bleibe dran.

Nach den Recherchen über den Pettenkoferbrunnen und den derzeitigen eifrigen öffentlichen Debatten über einen Umbau der Alten Akademie konnte ich im Herbst 2019 beim lokalen Bezirksausschuss vorsprechen, ob eine Wiederherstellung des Brunnens an gleicher Stelle in Frage käme. Mir wurde nach der darauffolgenden Sitzung eine positive Beurteilung zugesagt, jedoch nicht ohne eine Einbindung des Investors und der Stadtgestaltungskommision. Eine Befürwortung zum Aufstellen von Trinkbrunnen sei in der Stadtverwaltung eindeutig vorhanden. Eine vorläufige Kostenermittlung habe ich bereits wie folgt zusammengetragen: Steinmetzarbeiten 15.000 Euro, Bronzeguss 2.500 Euro, Montage 8.000 Euro sowie Wasseranschluss und Ablauf 5.000 Euro, also wären für den Brunnen, neu wiederhergestellt, etwa 30.000 Euro zu veranschlagen. Mal abwarten, was rauskommt.

Ein anderer Brunnen, der große Wittelsbacher Brunnen am nördlichen Ende des Lenbachplatzes bzw. am südlichen Anfang des Maximiliansplatzes, ist neben vielen anderen Schöpfungen ein Zeugnis des künstlerischen Schaffens von Adolf von Hildebrand. 1895 eingeweiht und mit Figuren und Ornamenten verziert, die auf die Kraft des Wassers hinweisen, besticht er heute noch als monumentales Brunnenbauwerk.

Anlass dieses mächtigen Kunstdenkmales mit finanzieller Beteiligung des kgl. Hofs war die Versorgung der Münchner mit Trinkwasser aus den Quellen des Mangfalltales, eine der Pettenkoferschen Pionierleistungen, die bis heute Bestand hat.

Gleich hinter dem Brunnen in den Anlagen des Maximiliansplatzes sitzt unser Pettenkofer wie angewurzelt auf seinem steinernen Sockel.

Darüber hinaus schuf Hildebrand den Hubertusbrunnen, ein Brunnenhaus, dem Schutzpatron der Jäger gewidmet, das ursprünglich vor dem Nationalmuseum in der Prinzregentenstraße stand und seit 1907 am Ende des Nymphenburger Kanals an der Waisenhausstraße zuhause ist. Eine unterirdische Verbindung vom Nymphenburger Kanal zum Abwasserkanal in der Waisenhausstraße ermöglicht ein müheloses Ablassen des Gewässers.

Hubertusbrunnen am Nymphenburger Kanal, Bildhauer Adolf von Hildebrand, 1907

Das Pettenkofer-Denkmal am Maximiliansplatz

In den Anlagen auf dem Maximiliansplatz befinden sich einige Denkmäler von der Hand des Bildhauers Wilhelm von Rümann, der wie Hildebrand dem vertrauten Künstlerkreis Pettenkofers angehörte. An der Durchführung der Max-Joseph-Straße stehen sich zwei imposante Statuen gegenüber, die an unsere zwei Wissenschaftler erinnern: Justus von Liebig und Max von Pettenkofer.

Das Denkmal für den Hygieniker und Chemiker Pettenkofer aus Carrara-Marmor ist nach einem Entwurf von Rümann entstanden und von dessen Schüler Alois Mayer vollendet worden, ähnlich der sitzenden Pose des im Jahre 1883 von Michael Wagmüller erdachten und von Rümann vollendeten Liebig-Denkmals. Der Entwurf zum Pettenkofer-Denkmal entstand in der Kunst- und Metallgießerei Andreas Mayer. Paul Pfann entwarf den schlichten Sockel. Am 23. Mai 1909 fand die feierliche Enthüllung auf dem Maximiliansplatz statt.

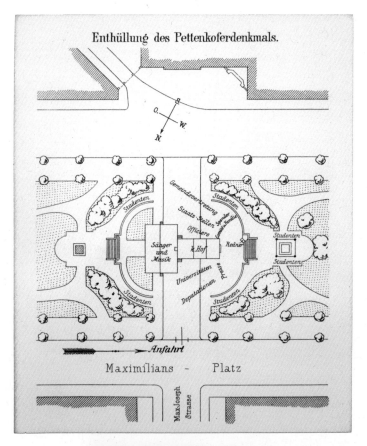

Enthüllung des Pettenkoferdenkmals.

Maximilians - Platz

An der Errichtung des Denkmales beteiligten sich Vertreter aus Wissenschaft, Literatur, Kunst und Wirtschaft. Im Komitee zur Errichtung des Ehrenmals waren Kliniken vertreten, Institute, Zeitungs- und Buchverlage, Schulen, Universitäten, Apotheken, Freunde und Bekannte, insgesamt 507 Spender, davon 124 von außerhalb Münchens. 43 Kranzniederlegungen waren angemeldet.

Bei der Zeremonie waren unter anderem Angehörige des königlichen Hofs, der Stadtgemeinde und der Universitäten zugegen. Pettenkofer wurde als verdienstvollster Wohltäter der Stadt neben König Ludwig I. gefeiert. Eine der Aussagen: *„Wenn unsere Stadt der Kunst Glanz und Ruhm verdankt, ist ihr von der Wissenschaft ein nicht minder wertvolles Gastgeschenk gespendet worden: Die Gesundheit!"*

Bilder auf der linken Seite:

Luftbild Maximiliansplatz und Max-Joseph-Straße, zu deren beiden Seiten die Denkmäler von Liebig und Pettenkofer gesetzt wurden.

Zeitungsausschnitt über die Gründung eines Komités zur Anlage eines Denkmals für Max von Pettenkofer

Bild oben:
Lageplan zur Einweihung des Denkmals am 23. Mai 1909

Bild rechts:
Feierlichkeiten zur Einweihung des Denkmals, rechts das Zeltdach für den königlichen Hof

München, den 9 Mai 1909.

Enthüllung des Pettenkofer-Denkmals.

Sr.Exzellenz Herrn Robert K o c h, K.Geheimrat,

B E R L I N.

Hochgeehrter Herr Geheimrat,

Euer Exzellenz !

Am Sonntag, den 23.Mai cr., vormittags 11 Uhr, findet die
feierliche Enthüllung des Pettenkofer-Denkmals in den Anlagen am Maximiliansplatze gegenüber dem Liebig-Denkmal
statt.

./.   Unter Anlage eines Programms beehren wir uns, Euer Exzellenz zu diesem Festakte hiemit ganz ergebenst einzuladen.

In unbegrenzter Verehrung !

K o m i t e e
zur Errichtung eines Pettenkofer-Denkmals in München.

II.Vorsitzender:

Oberbürgermeister.

Programm

der feierlichen Enthüllung des zum Andenken an

Dr. Max von Pettenkofer

in München in den Anlagen am Maximiliansplatze
gegenüber dem Liebigstandbilde errichteten Denkmals

Das zum Andenken an Dr. Max von Pettenkofer von dem verstorbenen Professor Wilhelm von Rümann modellierte und von dem Bildhauer Herrn Aloys Mayer vollendete Denkmal wird am

Sonntag, den 23. Mai, vormittags 11 Uhr

feierlich enthüllt werden.

Die Enthüllungsfeier wird eröffnet durch einen von dem Münchener Lehrergesangverein vorgetragenen Festchor.

Nach der Festrede des Vorstandes des hygienischen Instituts in München, Herrn Obermedizinalrat Dr. von Gruber, wird der 1. Vorsitzende des Denkmalkomitees, Herr Geheimrat Dr. von Heigel, Präsident der K. Akademie der Wissenschaften in München, Auftrag zur Enthüllung des Denkmals erteilen und dasselbe der Stadtgemeinde München übergeben.

Herr Oberbürgermeister Dr. von Borscht erklärt hierauf die Übernahme des Denkmals im Namen der Stadt.

Den Schluß der Feier bildet ein von dem Münchener Lehrergesangverein vorgetragener Festchor mit Orchesterbegleitung. Während desselben legen Deputationen Kränze am Fuße des Denkmals nieder.

Anzug: Uniform bezw. Amtstracht oder schwarzer Frack mit weißer Binde.

Wortlaut der Festchöre

vorgetragen vom Lehrergesangverein München

Festgesang.

Dring mutig vor, o Menschengeist,
　Soweit das Licht am Himmel kreist
Und Wunder birgt der Meere Nacht,
Erkenne des Erhabenen Macht.

Erkenne wie des Einen Kraft
In allen Kräften wirkt und schafft,
Des Wandelbaren ew'gen Grund,
Der Stoffe Krieg und Friedensbund.

Du zwingst den Strom und lenkst den Schall,
Du weckst den Funken im Metall.
Reich sproßt die Erd' in schöner'm Blüh'n
Durch deine Pflege, dein Bemüh'n.

Verfolge deinen Siegeslauf,
Dring vom Atom zu Sternen auf,
Verfolge kühn von Pol zu Pol
Dein hohes Ziel: der Menschheit Wohl.

Dring mutig vor, o Menschengeist,
　Weit, wie des Wissens Drang dich weist;
Unendlich mehrt sich hier die Saat,
Unendlich dort die Segenstat.

　　　　　　H. Lingg.

An Pettenkofer.

Ihm, vor dem erzittern die Seelen,
Ihm, vor dem sich Könige neigen,
Durftest du befehlen.
Und des Lebens gewaltiger Zwinger,
Mußte sich gehorsam zeigen,
Wenn dein Finger
Ihn zur Seite treten hieß.

In dem vollen Köcher ließ
Er die scharfgespitzten Pfeile,
Und er hatte immer Eile,
Wenn er schritt durchs Menschenland.
Frisch und stark und klar und helle
Sprang fortan die reine Quelle,
Und die graue Sorge schwand.

Wieder winkte deine Hand
Und er trat dir stumm zur Seite,
Und du nahmst ihn zum Geleite
Durch das letzte, dunkle Tor.

Jauchzend preist ein Jubelchor
Dein gesegnet Erdenwallen.
Wer wie du den Brüdern allen
Gold'ne Lebensfrüchte brach,
Wer ihr Schicksal durfte wenden,
Wer wie du im Herrschertone
Zu dem finstern Fürsten sprach:
Dem mit dankbar frohen Händen
Reicht das Leben selbst die Krone.

　　　　　　Ernst Weber.

⁊ Festteilnehmer, welche in Uniform oder Amtstracht erscheinen, bedürfen zum Eintritt in den Festplatz keiner Legitimation. Für die übrigen Festgäste gilt gegenwärtiges Programm als Legitimation. ∿∿∿∿∿∿∿∿∿

⁊ Für Ihre Königlichen Hoheiten, die Prinzen und Prinzessinnen des Königlichen Hauses, sowie höchstderen Gefolge wird eine Tribüne errichtet, auf welcher auch die Herren der drei Hofrangklassen Platz finden werden. ∿∿∿∿∿∿

⁊ Für die übrigen Festteilnehmer ist die Aufstellung in dem beiliegenden Plane ersichtlich gemacht. ∿∿∿∿∿

⁊ Die ganze Anlage am Maximiliansplatze einschließlich der von der Max-Josephstraße zur Prannerstraße führenden Straße wird am genannten Tage um 10 Uhr abgeschlossen. ∿∿∿

⁊ Der Zugang und die <u>Anfahrt</u> erfolgt ausschließlich auf der westlichen (straßenbahnfreien) Seite des Maximiliansplatzes vom Schillermonumente her. ∿∿∿∿

⁊ Die leeren Wagen fahren in der Richtung zum Lenbachplatz ab und nehmen in dem zwischen Maximiliansplatz und Ottostraße gelegenen Teil der Karlstraße sowie in der Ottostraße selbst Aufstellung. Die <u>Abfahrt</u> vollzieht sich gleichfalls auf der Westseite des Maximiliansplatzes in der Richtung zum Schillermonumente. ∿∿∿∿∿∿

Auch Robert Koch stand bei der Einweihung des
Pettenkofer-Denkmales auf der Einladungsliste,
nicht bekannt ist mir jedoch, ob er auch erschienen
ist. Vielleicht kann ihn jemand auf den Bildern der
Enthüllung ausfindig machen?

Den Maximiliansplatz gestaltete der bayerische
Hofgärtner Carl von Effner, dessen Denkmal sich
ebenfalls in dieser Anlage im Südteil befindet.
Als königlicher Hofgartendirektor verwirklichte er
für König Ludwig II. die Gartenanlagen von Schloss
Herrenchiemsee und Linderhof.

Vom Bildhauer Wilhelm von Rümann stammen
u.a. die Entwürfe der Löwen vor der Feldherrn-
halle und die Brunnenfiguren im Fontänenbrunnen
unterhalb des Friedensengels.

Bilder auf den vorherigen Seiten:
Einladung an Robert Koch zu
den Feierlichkeiten, Mai 1909
Programm der Feierlichkeiten

Einen Hinweis auf Pettenkofer und sein Denkmal
erwähnte ein Zeitungsartikel aus dem Jahr 1930:
„Was in den 3 Jahrzehnten nach seinem Tode im
weiten und dichten Dschungel der Menschheits-
leiden geleistet worden ist, das muss als eine
heroische Jagd auf den Tod, wie er mit Schlangen-
gift und Tigerkraft auf sein Opfer lauert, genannt
werden."

Die Wissenschaft der Hygiene konnte sich immer
auf Pettenkofers Errungenschaften stützen und
verlassen, was die weitere Bekanntgabe verdeut-
licht: „Wenn Pettenkofer sähe, zu welchen Lichtun-
gen kühne Nachfolger, seine und andere Forscher
fähig waren und erste Spuren des Leidens aus-
gerottet haben, so würde er sich von seinem sand-
steinernen Sessel erheben und sagen: ‚Bitte,
meine Herren, nehmen sie Platz auf meinem
Denkmal! Sie alle sind würdig, mit mir hier oben
zu sitzen." Hier wurde Max von Pettenkofer, dem
das höchstmögliche Maß für die Bedeutung Münchens zuerkannt wurde, ein Denkmal gesetzt,

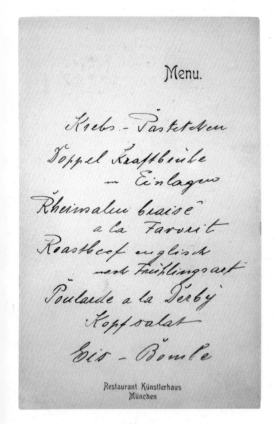

Menu.

Krebs-Pastetchen
Doppel Kraftbrühe
— Einlagen
Rheinsalm braisé
à la Favorit
Roastbeef englisch
nach Frühlingsart
Poularde à la Derby
Kopfsalat
Eis-Bowle

Restaurant Künstlerhaus
München

MÜNCHEN. Pettenkofer — Denkmal.

wobei nicht die Härte des Marmors und die Kühle der Erzes überdauern, sondern die Wärme seines Gemüts und die wunderbare Ausstrahlung bleiben in Erinnerung.

Mit meinem verwegenen Aufstieg aufs Denkmal, um mit dem Handkuss seiner Exzellenz meine Hochachtung zu erweisen, bin ich dieser Empfehlung liebend gerne nachgekommen (siehe Buchrücken).

Durch die Vielzahl seiner herausragenden Leistungen hat er der Stadt viel Glanz verliehen, sodass München wahrhaft durch ihn geleuchtet hat und nach wie vor leuchtet, im wahrsten Sinne des Wortes. Seit dem 3. Dezember 2019 werden die beiden Denkmäler von Liebig und von Pettenkofer ins rechte Licht gerückt und erstrahlen auch nachts durch eine Spende der Freudenberger Stiftung für Kunst und Kultur im Scheinwerferlicht anlässlich Pettenkofers 200. Geburtstag.

Heute zelebrieren wir immerhin schon einen Welttoilettentag, der erstmals am 19. November 2001 ausgerufen wurde und 2013 auf Vorschlag Singapurs von den Vereinten Nationen einstimmig Bestätigung fand. Ausgang dieser WTO (Welttoilettenorganisation) war wiederum Singapur und inzwischen gehören 235 Organisationen aus 58 Nationen zu deren Mitgliedern. Der deutsche Partner ist die German Toilet Organization e.V. (GTO), seit 2006 als gemeinnützig anerkannt mit Sitz in Berlin. Sie widmet sich der Verbesserung der weltweiten Sanitärversorgung mit Aufklärung, Bildung und Entwicklung. Ich denke, Pettenkofer kann darauf wohlwollend herabblicken.

Menukarte des Festessens im Künstlerhaus
Pettenkofer-Denkmal am Tag der Einweihung, Postkarte 1909

Die letzten Jahre

Pettenkofer hatte sich schon Jahre vor seinem Lebensende mit persönlichen Spekulationen beschäftigt, die einen baldigen Abschied von dieser Welt voraussahen, und konnte diese auch nur schwer verbergen. In seinem Kopf kreiste wohl intensiv die Überlegung, auch den letzten irdischen Akt selbst in die Hand zu nehmen.

Schon in relativ jungen Jahren hatte Pettenkofer darüber geklagt, dass er bei intensiver geistiger Tätigkeit leicht ermüde. Bestimmt waren die Ansprüche, die er an sich selbst stellte, sehr hoch und lagen zweifellos über dem allgemein Üblichen. Dieses – aus seiner Sicht – Missverhältnis zwischen Leistungswillen und Leistungsvermögen machte ihm merklich zu schaffen.

So schrieb er bereits 1866 am 5. Januar, im Alter von 48 Jahren, während einer Reise an seine Frau: *„Ich habe den Auftrag zur Beratung abgelehnt, ich fühle, dass ich älter werde. Ich war durch derartige Untersuchungen noch niemals so fatiguiert wie diesmal. Es ist mir schwer, all die neuen Eindrücke in mir zu behalten und zu verarbeiten."*

Diese Erscheinungen nahmen in den folgenden Jahren an Dauer und Schwere zu, was er mit wachsender Besorgnis und geradezu panischer Angst verfolgte, da er sich stets selbst sehr scharf analysierte.

Durch seine Arbeit mag Pettenkofer über viel Schweres und viele Scherereien hinweggekommen sein. Dass sein begabtester Sohn mit 23 Jahren an Tuberkulose starb, erschütterte ihn außerordentlich und belastete ihn sein ganzes Leben lang. Der gleichen Krankheit war auch seine Mutter mit 51 Jahren erlegen, ebenso die Hälfte seiner Geschwister noch vor ihrem 30. Lebensjahr. Und dann auch noch sein zweiter Sohn mit 28 Jahren, sowie 1882 eine seiner Töchter mit 44 Jahren. Im Jahr 1890 starb seine geliebte Frau. Sein Bruder Michael, den er als Offiziant in die Hofapotheke aufnahm, wurde mehrmals in der Landesirrenanstalt behandelt, und er musste sich schützend vor ihn stellen. All diese Schicksale bereiteten ihm vermutlich immer wieder ungeahnte Sorgen.

So erkannte er später auch bei sich eine stetige Abnahme des Denkvermögens, was dann wohl auch seinen endgültigen Entschluss zum Suizid bestärkte.

Nach und nach legte er seine Ämter nieder. 1894 entzog er sich seinem Lehramt an der Universität. Allmählich gab er weitere Stellungen und Ämter auf. Im Oktober 1896 bat Pettenkofer um seine Entlassung aus dem Dienste der kgl. Leib- und Hofapotheke.

„Seine königliche Hoheit, der Prinzregent, schrieb ihm: „Mein lieber Geheimrat von Pettenkofer! Ich habe aus dem an Mich gebrachten Vorlagen des kgl. Oberhofmeister-Stabes mit Bedauern ersehen, dass Sie nicht zu bewegen sind, das wegen vorgerückten Alters und Kränklichkeit gestellte Gesuch um Enthebung von der Stelle des Vorstandes der kgl. Leib- und Hofapotheke zurückzuziehen. Nur ungern Ihrer Bitte entsprechend, versetze ich Sie demnach vom 1. November 1896 an unter dem Ausdruck meiner vollsten Anerkennung Ihrer hingebungsvollen, ausgezeichneten Dienste während nahezu eines halben Jahrhunderts in den wohlverdienten dauernden Ruhestand, will Ihnen aber einen Beweis Meiner besonderen Huld dadurch geben, dass Ich Sie im Genusse der bisherigen Freiwohnung in der kgl. Residenz auch künftighin belasse. Mit dem aufrichtigen Wunsche für Ihr ferneres Wohl, Ihr wohlgeneigter Luitpold, Prinz von Bayern"

Da Pettenkofer in dieser Wohnung seit dem Jahr 1827, also 70 Jahre lang zu Hause war, war diese besondere Aufmerksamkeit des Prinzregenten für ihn geradezu ergreifend, umsomehr, da er bereits eine andere Wohnung angemietet hatte.

„Am 15. Februar 1898 wurde Pettenkofer dann noch von der Kgl. Preußischen Akademie der Wissenschaften zum auswärtigen Mitglied gewählt und auch von Seiner Majestät Kaiser Wilhelm II. bestätigt."[53]

1899 legte er das Amt als Präsident der Bayerischen Akademie der Wissenschaften nieder und letztendlich gab er die Mitgliedschaft beim Obermedizinalausschuss auf, einem Gremium, dem er seit 1849 angehörte.

Trotzdem zeigte Pettenkofer weiterhin eine fabelhafte Rüstigkeit, noch im Sommer 1900, mit 82 Jahren, bestieg er den 1731 Meter hohen Herzogstand ohne ein Zeichen der Ermüdung, obwohl er an Arthritis litt. Zudem bewältigte er die 122 Stufen zu seiner Wohnung in der Residenz mehrmals täglich ohne merkliche Beschwerden. Das Schwimmen im Starnberger See, das Kahnfahren und seine Wanderungen waren Ablenkungen und bereiteten ihm keine größere Mühen.

Pettenkofer war dennoch pessimistisch geworden. Nachlassendes Gedächtnis und Hörvermögen beeinträchtigten ihn zusehends. Dazu litt er noch an einer leichten Alterszuckerkrankheit. Immer wieder hörte man von ihm die Klage, dass er nichts mehr leisten könne. Sein früher so phänomenales Gedächtnis, das alles ohne Notizen aufnahm, begann nachzulassen und er sei daher unnütz auf dieser Welt.

Er fühlte sich alt und nannte sich einen bedeutungslosen Uralten. *„Ich werde bald sterben und freue mich darauf"* war von ihm zu hören und kam in Worten und Briefen oft zum Ausdruck. Dem Schicksal der heranziehenden psychischen Störung, sowie einer Demenz wollte er um jeden Preis entgehen. Das Los seines Bruders mag ihm dabei abschreckend vor Augen gestanden haben.

Mehr und mehr verspürte Pettenkofer all die Beschwerden des Alters. Die Entgegnungen seiner Freunde, dass diese Erscheinungen mit zunehmenden Alter ganz normal seien, ließ er nicht gelten. Mit Starrsinn beharrte er auf seiner Angst, es sei seine Bestimmung, nach und nach den Verstand zu verlieren.

Ehrengabe des Münchner Ärztlichen Vereins zum 80. Geburtstag von Max von Pettenkofer mit allen seinen Bezugsorten, 3. Dezember 1898. Entworfen und ausgeführt von Hofjuwelier Theodor Heiden.

Im Dezember 1898, zu seinem 80. Geburtstag, drohte ein weiterer Jubelsturm, sodass er in den Zeitungen bekanntgab, aus Gesundheitsgründen in den Süden abreisen zu müssen.

Den Ort nannte er nicht. Er fuhr mit seinem Schwiegersohn Justizrat Gaenssler nach Locarno am Lago Maggiore. Es kamen dennoch ein paar Hundert Telegramme am 3. Dezember an, zum Entsetzen des Portiers im Grand Hotel, wegen dieser Menge. Nach seiner Rückkehr überraschte ihn der Ärztliche Verein München mit einem kostbaren Geschenk, einer großen Silberplatte, auf der er in der Mitte als Herkules dargestellt ist, der die Hydra bekämpft. Ringsum am Rand sind die Gebäude abgebildet, in denen Pettenkofer tätig war, zuerst die kgl. Münze, dann die Universität, das physiologische Institut, das Hygieneinstitut, die Akademie der Wissenschaften, sein Geburtshaus im Donaumoos und zuletzt sein Landhäuschen am Starnberger See.

Tod und Beerdigung

Zu Beginn des Jahres 1901 äußerte Pettenkofer wieder Hoffnung und Freude auf das Frühjahr und sein Haus in Seeshaupt. Da bekam er im Januar eine Halsentzündung, die ihm sogar einige Wochen lang den Schlaf raubte. Davon erholte er sich nur langsam, gerade er, der Krankheit leibhaftig noch nie richtig kennengelernt hat.

Seine Schwermut nahm immer mehr zu, seine Wahnvorstellungen, den Verstand verlieren zu müssen, verdichteten sich. Aus seinem tiefsten Inneren sprach er sogar von Selbstmord oder wie sehr er sich nach der Ruhe im Grab sehne.

Es zeigten sich Anfälle von so großer Erregung, dass er sich bei seiner Umgebung beklagte: *„Ich halte das nicht mehr aus, ich werde verrückt, ich werde ein Trottel, ich bin auf dem Weg zu verblöden."*[54]

Seine Freunde bemerkten seine Todessehnsucht und drängten ihn, seine düsteren Pläne zu bekämpfen. Starke Schmerzen und die Angst vor einem langen qualvollen Siechtum in geistiger Unzurechnungsfähigkeit führten aber dazu, dass sich sein innerstes Vorhaben nicht mehr verdrängen ließ.

Noch vor einem Jahr hatte er im Gespräch mit seinem Enkel Moritz den Selbstmord verdammt. Der Tod schien ihm unter den jetzigen Umständen aber ein Freund, dem er gerne die Hand bot. Er ließ sich seinen Revolver aus Seeshaupt kommen, aber der funktionierte nicht. Er ging in eine Waffenhandlung, ein Kollege folgte ihm und sah, wie er einen soeben gekauften Revolver in die Tasche steckte. Alles Zureden verhallte.

Auch eine Besprechung mit seinem Psychiater ergab keine Möglichkeit mehr, seine Gedanken zu beeinflussen. Auf Bitten seiner Freunde und Angehörigen versprach er dennoch, zunächst vom Selbstmord abzusehen. Am 9. Februar 1901 um 9 Uhr brachte ihn seine Schwiegertochter, die ihn mit ihrem Sohn in den letzten Jahren gepflegt hatte, zur Ruhe. Zwei Stunden später ertönte ein Schuss. Als hochdekorierte „Exzellenz" gab er sein Leben auf. Die Kugel wurde im Hirn gefunden.

Aus dem Obduktionsbefund:
„Die Obduktion ergab eine chronische Hirnhautentzündung und Zerebralsklerose. Kräftig gebauter und wohlgenährter Körper. In der rechten Schläfengegend eine rundliche Hautverletzung ca. 1 cm Durchmesser. Der Schädel selbst von massiger Dicke, das Hirngewicht betrug 1.320 gr. Zwischen Stirn und Schläfenlappen findet sich die stark deformierte Kugel…"

Die Nachricht über Pettenkofers Ableben verbreitete sich umgehend und eine Menge Kondolenzen bahnte sich an.

Sonntag 10. Februar, Neuburger Anzeigenblatt:
„Als heute Sonntag vormittags in der Stadt die Nachricht kursierte, Geheimrat von Pettenkofer, diese Leuchte der Wissenschaft, Vater der Hygiene, der Träger eines Namens von europäischem Rufe sei gestorben, da begegnete sie überall der aufrichtigen Anteilnahme. Diese steigerte sich noch und machte einer gewissen Bestürzung Platz, als später erst noch zurückhaltend, dann bestimmter das Gerücht auftrat, das inhaltreiche Leben habe nicht auf natürliche Weise geendet. Nähere Erkundigungen bestätigten das schier unglaubliche. Der 83-jährige Gelehrte, hat in einem Anfall von Trübsinn Hand an sich gelegt, mit einem Revolverschuss das kostbare Leben beendet.

Münchner Neueste Nachrichten,
11. Februar 1901:

München, verhülle dein Antlitz und weine!
Einer deiner besten Söhne, dein großer Wohltäter,
dein Ehrenbürger, auf den du und die ganze
gebildete Welt stolz sein konntest, ist nicht mehr.

Auf ausdrücklichen Wunsch nur auf diesem Wege.

Todes-Anzeige.

Heute Nacht verschied nach längerem Leiden jedoch unwartet

Se. Excellenz Dr. Max von Pettenkofer.

Um stilles Beileid bitten   (=915

München, den 10. Februar 1901.

Die in tiefster Trauer Hinterbliebenen.

Todesanzeige von Max von
Pettenkofer, 10. Februar 1901

Seine große Schlichtheit und Natürlichkeit, seine echt altbayrische Gemütlichkeit und seine außerordentliche Bescheidenheit, die es strenge vermied, sich und die eigenen Verdienste über andere zu erheben, machten ihn beliebt. Und dass diese Liebe in weite Kreise gedrungen war, das zeigte eben die Aufnahme der Nachricht von seinem so tragischen Tode – tiefes Mitleid dämpfte das sensationelle der Meldung.

Dass ein so ruhiger, vornehmer, aufgeklärter Geist, diesen – für die Hinterbliebenen so schmerzlichen Abgang von der Lebensbühne wählen konnte, das mußte auf geistige Umnachtung schließen lassen! Wer die Freude hatte, den Heimgegangenen persönlich zu kennen, der wußte allerdings, dass Pettenkofer schon seit Jahren eine Abnahme seiner geistigen Kräfte fürchtete, dass dieser Gedanke ihn peinigte, ihn pessimistischer stimmte, als es nach Lage der Verhältnisse nötig war.

Durch das trübe Schicksal eines Bruders, der in hohem Alter wegen Verfall seiner Geisteskraft Aufnahme in eine Irrenanstalt finden musste, erhielt Pettenkofers schwermütige Stimmung neue Nahrung. Vor kurzem befiel ihn, den körperlich so kräftigen, eine schmerzliche Halsentzündung, die aber unter der sorgsamen Pflege der seinigen, Pettenkofer war verwitwet, hat aber eine verheiratete Tochter, Frau Justizrat Gänßler und eine Schwiegertochter, wieder anfing zum besseren sich zu wenden. Pettenkofer konnte sogar Spaziergänge unternehmen. Das körperliche Unbehagen mag die düsteren Gedanken, denen Pettenkofer sich hingab, zu dem Wunsche nach einem baldigen Ende gesteigert haben. Trotzdem seine Umgebung es an Achtsamkeit in keiner Weise fehlen ließ, wußte er sich mit seiner Verstellungskunst, die gerade Gemütskranken eigen ist, einen Revolver zu verschaffen, mit dem er in der Nacht vom Samstag auf Sonntag einen Schuss gegen seine Schläfe richtete. Am Morgen wurde Pettenkofer im Bette, er hatte bekanntlich eine Dienstwohnung im Apothekenhofe der Residenz inne, tot aufgefunden. Der tragische Tod des seltenen Mannes kann sein ruhmreiches Andenken nicht schmälern."

Trauerzug auf dem Alten
Südlichen Friedhof

Ein beeindruckender Trauerzug bewegte sich am 12. Februar 1901 durch die Stadt und eine ungeheure Menschenmenge begleitete den Sarg. Nach Aussage der Münchner Friedhofsverwaltung nahmen an Pettenkofers Beerdigung die enorme Anzahl von bis zu 22.000 Trauergästen teil.

Die Anerkennung in der Bevölkerung äußerte sich somit in schier überdimensionalem Ausmaß. Ganz München, so schien es, gab dem Toten das Geleit, als er zu seiner letzten Ruhestätte auf dem Südlichen Friedhof gebracht wurde, wo er nahe dem Grab seines Lehrers, Justus von Liebig, bestattet wurde. Trotz der Selbsttötung fand die Beisetzung unter der Obhut der katholischen Kirche statt, da die Obduktion eine Veränderung des Gehirns ergeben hatte, die es zuließ, seine Tat als Beeinträchtigung des freien Willens zu deuten.

Er wurde im ursprünglichen Familiengrab, das ein Engel zierte, auf dem Münchner Südfriedhof beigesetzt. Die Zerstörungen der Kriegsjahre haben es stark getroffen. Der heutige Grabstein, in nicht mehr ganz unmittelbarer Nähe zu Liebigs Grab, zeigt einen schlichten Steinquader und wird im Grabmalamt als Ersatzgrab bezeichnet. Die Stadt München pflegt, wie bei jedem Ehrenbürger, das Grab.

Seine letzte Ruhestätte befindet sich heute im Neuen Teil des Alten Südlichen Friedhofs an der Thalkirchner Straße in München: Platz 49, Grabfeld 31. Justus von Liebig liegt in unmittelbarer Nähe, im Grabfeld 40, Platz 51, am Eingang Kapuzinerstraße

Verglichen mit anderen Münchner Ehrenbürgern bzw. Honoratioren wirkt das Grab von Pettenkofer eher bescheiden. Die Grabstätten von Alois Erhardt und Justus von Liebig, zwei seiner engen Weggefährten, sind wesentlich üppiger ausgestattet, jeweils mit Büsten und Ornamenten, aber was hätte man in Pettenkofers Grabstein schon einarbeiten sollen bei seinen vielen Talenten. Das heutige Grab war nur vorgesehen als vorläufiger Ersatz, für das im Krieg zerstörte.

Gleich nach dem Tod bildete sich ein Komitee zur Errichtung eines Pettenkofer-Denkmals.

Grabmal der Familie Pettenkofer auf dem Alten Südlichen Friedhof

Das Ehrengrab Pettenkofers heute

Nachruf

Max von Pettenkofer im Sitzungssaal des Gemeindekollegiums,
Visualisierung von Kathrin Flinner

Bereits am Tag nach Pettenkofers Tod, am 12. Februar 1901, traf sich der Stadtrat in Amtstracht zu einer würdigen Trauerkundgebung. Im Sitzungssaal des Gemeindekollegiums war die Büste Max von Pettenkofers inmitten von Lorbeerbäumen und Palmen aufgestellt. Der erste Bürgermeister der Stadt, Dr. Wilhelm Ritter von Borscht, ergriff das Wort zu einer Gedenkrede: Hier einige Auszüge:

„Hochansehnliche Trauerversammlung! Ein Todesfall, der von allen größeren städtischen Gemeinwesen Deutschlands, von der Wissenschaft, von der gesamten denkenden Menschheit auf das Tiefste beklagt wird, ist es, der uns heute hier zusammenführt.

Seine Exzellenz, Herr Geheimrat Dr. von Pettenkofer, der ausgezeichnete Gelehrte, der viele Dezennien hindurch eine der hervorragendsten Zierden der hiesigen Alma mater bildete, der Geistesfürst, der die Hygiene, einstmals das Aschenbrödel der Heilkunde, zum Range einer Königin im Reiche der Wissenschaft erhob, der heldenmäßige Führer der deutschen Städte auf dem Wege gesundheitlichen Fortschritts, ist jäh und rasch aus dem Leben geschieden.

Wenn die Gelehrtenwelt des In- und Auslandes in innigster Teilnahme auf die Bahre dieses ausgezeichneten Mannes blickt, wenn sich alle Gebildeten in dem Schmerze um das Hinscheiden des unentwegten Vorkämpfers für die Erhaltung des höchsten zeitlichen Gutes vereinigen, um wie viel mehr hat dann die Stadt München und ihre Bürgerschaft Anlass, den Tod ihres größten Wohltäters, ihres treuesten Freundes, des Begründers ihres hohen wirtschaftlichen Aufschwungs zu beklagen.

Von seiner frühesten Kindheit an in München wohnhaft, hat Pettenkofer, nachdem er seine akademische Ausbildung vollendet, in der bayerischen Residenz sein ganzes Leben vollbracht.

Hier hat er 1847 als Professor der Universität seine wissenschaftliche Tätigkeit begonnen und die Welt durch seine bahnbrechenden Entdeckungen in Staunen versetzt, von hier aus den unendlichen Segen seiner Forschungsresultate all überall hin verbreitet. Eine ihm im Jahre 1872 unter glänzenden Bedingungen angetragene Berufung an das neu zu errichtende Hygienische Institut der Universität in Wien lehnte er in selbstloser Weise ab, nachdem ihm die Erfüllung seines Lieblingswunsches, die Erbauung eines eigenen Hygienischen Instituts in München, zugesagt worden war. Er konnte sich nicht entschließen, sein ihm lieb gewordenes München zu verlassen, als ihm einige Jahre später die Leitung des neugegründeten Reichsgesundheitsamtes angeboten wurde.

Schon diese Tatsachen allein hätten genügt, ihm die hiesige Bürgerschaft, die sich stets bewusst war, dass der Ruhm der Münchner Universität als einer der ersten Bildungsstätten deutschen Geistes vornehmlich durch die wissenschaftliche Bedeutung ihrer Lehrer bedingt ist, zu dauerndem Danke zu verpflichten. Und doch, so viel Anerkennung diesem treuen Ausharren bei der hiesigen Alma mater und bei der Stadt München, dem bescheidenen Verzicht auf glänzende auswärtige Stellungen gebührt, so tritt dieser Moment im Leben Pettenkofers zurück gegenüber den im wahren Sinne des Wortes unterbliebenen Verdiensten, die er sich auf dem Gebiete der öffentlichen Gesundheitspflege als hingebungsvoller, zielbewusster, in seinem Gedankenfluge in die Zukunft weit vorauseilender Ratgeber der Stadt München erworben hat.

Dr. Alois von Erhardt, Rechtskundiger 1. Bürgermeister
von München,
Büste auf dem Familiengrab
im Nordfriedhof

durch verderbenbringende ansteckende Krankheiten, für immer von ihr genommen sei, und
gemeinsam zeigten beide der Bürgerschaft einen
Weg, den sie zur Erreichung dieses hohen Zieles
einschlagen müsse. Überzeugend wies Pettenkofer aufgrund seiner langjährigen Erfahrung nach,
dass durch Reinmachung und Reinhaltung des
Untergrundes allein die Cholera und der Typhus,
die in München die meisten Opfer forderten, aus
der Stadt entfernt werden könnten. Das erste
Werk, das auf Grund der Lehren Pettenkofers
durchgeführt werden konnte, war die Errichtung
des Schlacht- und Viehhofes. Durch diese Maß-
nahme wurden mehrere hundert Schlachthäuser
in der Stadt, welche bisher nicht nur ihren eigenen
Untergrund, sondern auch den der Nachbarschaft
verseucht hatten, beseitigt.

In den Beginn der achtziger Jahre fällt die auf
Gutachten Pettenkofers begründete Beschlussfas-
sung, betreffend die Kanalisation der ganzen Stadt
und die Versorgung derselben mit Trinkwasser
aus den Quellen des Mangfalltales, beides Unter-
nehmungen, deren Durchführung eine Summe
von bis jetzt 43 Millionen Mark seitens der
Gemeinde und kaum weniger seitens der Haus-
besitzer erforderte; deren unendliche Wohltat
aber in Ziffern nicht ausgedrückt werden kann.

Während im Jahre 1870, bei einer Seelenzahl von
180.000, noch 407 Personen dem Typhus zum
Oper fielen, ist im Jahre 1900 bei einer Bevölkerung von 500.000 Seelen diese Krankheit nur in
25 Fällen Todesursache gewesen. Wenn Handel,
Gewerbe und Verkehr sich in den letzten Jahren
auf das Glänzendste entwickelten, wenn alljährlich
viele Tausende von Fremden, ohne Sorge für ihre
Wohlergehen, den reinen Genüssen sich hinge-
ben können, welche die Pflege der Kunst auf verschiedenen Gebieten reinen Strebens in reicher
Fülle darbietet, wenn die innere Ausgestaltung
unseres Gemeinwesens mit der äußeren Pracht
sich zu schönster Harmonie vereinigte, so verdankt
dies München in hervorragendstem Maße dem
großen Gelehrten, dem genialen Forscher, den wir
heute zur letzten Ruhestätte begleiten.

Nachdem im Jahre 1871 die heißersehnte nationale
Einigung durchgeführt war und die nach außen
glänzend bewährte Kraft des deutschen Volkes
sich der Ausgestaltung seiner inneren Einrichtungen, der Förderung seiner Wohlfahrt zuwandte,
begann auch für München eine neue Zeit.
Der erste unter den Vertretern der Bürgerschaft,
der den Pulsschlag der neuen Zeit fühlte, der
erkannte, dass der sanitäre Ruf dieser Stadt gehoben werden müßte, wenn deren Bedeutung als
vornehmste Pflegestätte deutscher Kunst, wie
auch als Knotenpunkt des Weltverkehrs zur Geltung
kommen sollte, war Bürgermeister Dr. von Erhardt,
und derjenige, welcher ihm in der praktischen
Betätigung dieser Erkenntnis, mit dem ganzen
Gewicht seiner Autorität zur Seite stand, war
Dr. Max von Pettenkofer. Beiden war es klar, dass
München nur dann an dem allgemeinen wirschaft-
lichen Aufschwung teilhaben könne, sofern der
auf der Stadt lastende Fluch der Heimsuchung

Das Wirken Pettenkofers ist nicht auf München beschränkt geblieben. Es gibt kaum ein größeres städtisches Gemeinwesen, das nicht aus dem Walten des großen Gelehrten für seine Entwicklung den reichsten Nutzen gezogen hätte, keine größere Stadt, für die die Ratschläge von Pettenkofer nicht von größter Bedeutung gewesen wären.

Pettenkofer hat die von ihm vertretene Wissenschaft im besten Sinne des Wortes populär zum Gemeingut aller Kulturvölker gemacht. Nach seinen Lehren werden nicht nur die wichtigsten Wohlfahrtseinrichtungen der Städte durchgeführt, in jedem den Anforderungen der Zeit entsprechend eingerichtetem Hause, in jeder nach ihnen lebenden Familie finden wir die Spuren seines Geistes wieder. Ehrungen und Auszeichnungen sind Pettenkofer in reichem Maße zuteil geworden. In der Stadt München war er der einzige, der bis jetzt die höchsten der von der Stadt zu verleihenden Ehrungen, das Ehrenbürgerrecht und die Goldene Bürgermedaille, zugleich in einer Person

vereinigte. Pettenkofer blieb nach wie vor der einfache, schlichte, bescheidene Mensch, der sich neidlos über die Erfolge anderer freute und gerne seine Verdienste in den Hintergrund treten ließ. Im persönlichen Verkehr war er von bezaubernder Liebenswürdigkeit, und mit der gleichen Geradheit und Freundlichkeit begegnete er jedem, welchem Stand er auch immer angehörte.

Pettenkofer ist nicht mehr. Aber nur von der sterblichen Hülle gilt dieses traurige Wort, nicht aber von seinem Geiste, der mit seinem lichten Glanze überall Segen und Leben spendete, nicht von seinem Genius, der unsterblich ist, dessen Macht sich kein Kulturvolk zu entziehen vermag, dessen Werk sich fortpflanzen wird von Generation zu Generation.

Stolz darauf, für alle Zeiten Pettenkofer den Ihrigen nennen zu dürfen, wird es die Stadt München als ein ihr von der gesamten gebildeten Welt übertragenes Mandat betrachten, das Andenken ihres großen Wohltäters hier an der Stätte seines

Ein Genius am Grabmal von Bürgermeister Alois von Erhardt blickt auf ein Kanalprofil.

Einer seiner Nachrufe wurde im September 1901 vom Straßburger Professor Georg Friedrich Knapp bei einem Festmahl im Münchner Künstlerhaus im Verlauf einer Tagung des Vereins für Sozialethik gehalten. Er las eine glühende Laudatio auf die Stadt München. Mit großem Charme wies er auf die Menschlichkeit der Münchner Atmosphäre hin, die frei sei von jeder Berufs- und Standesüberheblichkeit. Dabei kam er auf den kürzlich verstorbenen Professor Pettenkofer zu sprechen:

„Nehmen wir einmal als Beispiel den Apotheker. In der Residenz wohnte einmal ein solcher, der Hofapotheker Pettenkofer. Seine Rezeptur verstand er so gut, wie je einer es tat und sein Geschäft

betrieb er musterhaft. Aber er konnte noch mehr. Setzte man ihn in das königliche Münzamt, so war er ein Scheidekünstler ersten Ranges, der unversehens aus den Brabanter Krontalern das verborgene Gold und Spuren von Platin herausholte. Trug man ihm auf, Vorlesungen über Hygiene zu halten, so fand er zwar nichts vor, das er hätte lehren können, schuf aber so nebenbei das ganze Fach und bildete die Schüler heran, die jetzt auf allen Universitäten Lehrstühle innehaben.

Man fragte ihn um Rat wegen des Nachdunkelns der alten Gemälde in der Pinakothek, und Pettenkofer – gab sofort ein Verfahren an, die mikroskopischen Risse im Firnis zu schließen und die alten Farben wieder aufleuchten zu lassen."

Wirkens mit jener Innigkeit und Herzenswärme, die ihm selbst im Leben eigen war, zu pflegen, nicht um Pettenkofers Ruhm und seine Bedeutung der Nachwelt zu überliefern – denn in seinen Werken hat er sich ein Denkmal gesetzt, das dauernder ist als Stein und Erz – sondern um unser eigenen, der Gegenwart Dankbarkeit für den entschlafenen Geisteshelden für alle Zukunft Ausdruck zu geben."[55]

Im Jahre 1854 fällt ihn die Cholera an, er übersteht die Krankheit und rächt sich, indem er sie in alle Schlupfwinkel verfolgt, bis auf Malta und nach Indien. In wenigen Jahren ist er dahintergekommen, wie sie sich verbreitet und ehe man sich's denkt, hat er die Sanierung der Städte in Gang gebracht.

Er war ein Mann der Wissenschaft und sogar mehr als das. Bei Festlichkeiten, als Rektor der Universität, in seinem Talar (wie beim Denkmal am Maximiliansplatz), wie wußte er den beinahe königlichen Mantel königlich zu tragen.

So bewegt sich in diesen weiten Falten nur eine künstlerisch angelegte Natur. Und wie liebenswürdig blitzten dabei seine dunklen Augen. Noch mehr aber leuchteten sie, wenn er die Gedichte eines unbekannten Mannes vortrug, der jetzt ein bekannter und verehrter Mann geworden ist, die Gedichte Hermann Linggs. Diesen Dichter hat Pettenkofer entdeckt und ans Licht gezogen. Würde nicht der Münchner Hofapotheker durch meisterhaften Vortrag, die Neugierde geweckt haben, wer weiß, ob je das erste Bändchen der Gedichte Linggs erschienen wäre.

Man wird durch diesen Mann an Italien erinnert, dessen große Männer ebenfalls alles konnten, was sie wollten. Dort wachsen sie empor ohne die Stütze und die Beschränkung dessen, was der Deutsche sein Fach nennt. Dort heißt es: Sei ein bedeutender Mensch, aber bleibe dabei ein Mensch, eine Anschauung, die sich in Deutschland leicht verliert, von der aber in Bayern ein kostbarer Rest geblieben ist.

In Bayern, wieder am häufigsten in München und in München niemals so ausgeprägt wie bei Pettenkofer, der sozusagen das höchstmögliche Maß des Münchnertums darstellt."[56]

Der Laudator, Georg Friedrich Knapp, war Professor der Nationalökonomie, seine Mutter war die Schwester des Chemikers, Justus von Liebig, sein Vater, der Chemiker Ludwig Knapp, ein Kollege und Freund Pettenkofers. Elly, eine der beiden Töchter von Knapp wurde später die Frau des ersten deutschen Bundespräsidenten, Theodor Heuss. Also war Knapp der Schwiegervater von Heuss.

Ein Gedicht des im Nachruf erwähnten Hermann Lingg bezieht sich auf Pettenkofers Frau Helene:

An Frau Helena Pettenkofer
(zu ihrem Geburtstag)

Wenn noch ein Zweig in meinem Leben
noch auf ein Blühen hoffen läßt,
so soll er seine Zierde geben,
sie zu verweben zu dieses Tages Fest.

Wie freundlich war't ihr mir,
	ihr frohen Stunden!
Ihr wisst es, wo ich Trost und Huld
	gefunden.
Vergessen lernt' ich manche Schranken,
vergessen manche Sorgenflut.

Ich fand Asyl für den Gedanken,
die Seele durfte ranken,
die Freundschaft gab ihr Mut.
Entrissen dem verhängten
	Los der Schatten,
wem dank ich's? Dir und deinem Gatten.

Beglückt ist, wer es noch empfinden
und wer es noch bekennen kann,
dass, wenn uns alle Sterne schwinden,
wenn uns mit ihrem blinden,
unselig düstern Bann
die Nacht umfängt, dass dann noch
	Menschen leben,
die rettend uns die Hand mit Wärme
	geben.

Seid mir gesegnet! Euch erblühe,
das ihr mir wiedergabt, das Glück
erneuter Jugend, spät wie frühe
ein Lohn der Erdenmühe
strahl's hell auf euch zurück
von euren Kindern,
	die mit Freudenkränzen
wie dort am Himmel Zwillingssterne
glänzen.[57]

Aus dem Nachruf von Max Gruber, österreichischer Hygieniker, 1903:

„Niemand vor Pettenkofer hat den ganzen Umfang des Gebietes [der Hygiene] erfasst. Niemand hat das Ungenügende und Kostspielige der Empirie, die Notwendigkeit, das ganze Gesundheitswesen ununterbrochener, systematischer und exakter Beobachtung und Messung zu unterstellen, an unser ganzes Tun und Lassen in dieser Richtung den Massstab der modernen Naturforschung anzulegen, so wie er erkannt. Niemand war auch so wie er mit seinem umfassenden Wissen und Können befähigt, den neuen Bau in seinen Hauptzügen zu entwerfen, das Wissen seiner Zeit in so erschöpfender Weise für die Zwecke einer rationellen Gesundheitspflege auszubeuten und mit dem Wust von unbrauchbaren Kenntnissen, kritiklosem Meinen, Halbwahrheit und Unsinn aufzuräumen, der sich als Medizinalpolizei breit gemacht hatte.

Es läßt sich aus den Titeln seiner Vorlesungen, welche Pettenkofer ankündigte, erkennen, wie sich allmählich sein Gesichtskreis erweiterte. Im Sommer 1853 kündigte er eine Vorlesung mit dem sonderbaren Titel ‚Vorträge über diätisch-physikalische Chemie' an. C. Voit war einer der wenigen Hörer. Er berichtet, dass Pettenkofer u. a. über die Zusammensetzung der uns umgebenden Luft, des Wassers, der gebräuchlichen Nahrungsmittel, wie Fleisch, Milch und Brot sprach. Die Hörer hatten bereits damals den Eindruck von etwas Neuartigem und waren durch den Stoff gefesselt. [...]

Pettenkofer erzählte, dass er 1858, als er zum ersten Mal über öffentliche Gesundheitspflege im allgemeinen las, nur drei Hörer hatte. Aber im nächsten Jahr waren bereits zwölf Hörer eingeschrieben und nach ein paar Jahren war der ganze Hörsaal des physiologischen Instituts gefüllt, obwohl die Hygiene noch kein obligates Fach war. [...]

Auf diesen Lehrerfolg gestützt, konnte Pettenkofer den Antrag stellen, die Hygiene zum obligatorischen Fach und zum Prüfungsgegenstande zu machen. Auf´s erste wurde dieser Antrag von der Fakultät abgelehnt, aber bereits 1862 angenommen.

Jetzt war noch den Widerstand der Regierung zu überwinden. Dies gelang erst 1864. Im März 1864 hatte König Ludwig II. den Thron bestiegen. Pettenkofer musste ihm als Rektor der Universität für 1864/65 im Herbste seine Aufwartung machen.In liebenswürdiger Weise erkundigte sich der König beim Abschiede, ob Pettenkofer noch einen persönlichen Wunsch habe. Da ergriff Pettenkofer die Gelegenheit, dem König die Nützlichkeit der Hygiene für die Heilkunde wie für die Staatsverwaltung darzulegen. Der jugendliche König begriff sofort und beauftragte Pettenkofer, brevi mane [kurzerhand] mit dem Kultusminister zu sprechen und er solle dem Könige Bericht erstatten. Gegenüber diesem königlichen Auftage gab es keinen Widerspruch mehr, und so kam es zum Ruhme Bayerns, dass bereits 1865 an seinen drei Landesuniversitäten, lange vor allen anderen, Ordinariate für Hygiene errichtet und die Hygiene Gegenstand der ärztlichen Prüfung wurde. [...]

Dieser Erfolg Pettenkofer´s war ungeheuer groß. [...] Erst 1872, nachdem Pettenkofer einen Ruf an die Universität in Wien erhalten hatte [..] konnte er die Errichtung eines eigenen, seiner würdigen Institutes in München durchsetzen. 1878 wurde es als das erste seiner Art eröffnet, kaum 25 Jahre seitdem Pettenkofer sich zur Hygiene zu bekennen begonnen hatte.[58]

Die strenge Schule der Chemie befähigte ihn, Erscheinungen der exakten Forschung zugänglich zu machen, die man bis dahin noch kaum wissenschaftlich betrachtet hatte. Die Anwendung ihrer Grundsätze, die Naturerscheinungen nicht nur qualitativ, sondern stets auch quantitativ zu erfassen, war das Geheimnis seiner wissenschaftlichen Erfolge. Je intensiver wir die umfangreiche Flut der Ereignisse von Pettenkofer verfolgen, um so deutlicher werden wir erkennen, welch mächtigen Einfluss er auf die gesamte menschliche Kultur ausgeübt hat. Die zweite Hälfte des 19. Jahrhunderts ist die Zeit der Entwicklung der Naturwissenschaft zur Weltmacht. Pettenkofer war einer der glücklichsten Staatsmänner dieser neuen Friedensmacht! Er war einer der großen Forscher, die in die dunklen Tiefen des Unbekannten hinabgetaucht sind und ungeahnte Schätze neuartiger Erkenntnis an´s Licht emporgetragen haben."

Medaille der Deutschen Chemischen
Gesellschaft 1850–1900,
Bildhauer: Adolf von Hildebrand

Pettenkofer wurde von Zeitgenossen als warmherzige, humorvolle und gelegentlich melancholische Persönlichkeit beschrieben. Stilles Nachdenken, emsiges Beobachten, geschicktes Probieren, logische Folgerungen führten zu seinen großen Erfolgen in allen seinen Betätigungsfeldern. Ein Weggefährte äußerte: *„Er hat schon durch sein bloßes Dasein den mächtigen Einfluss ausgeübt, der ihn auszeichnete, und das liegt vornehmlich an seiner außergewöhnlichen und einzigartigen Persönlichkeit."*

Stets begleiteten ihn leichte Zweifel über seine rhetorischen Fähigkeiten, aber schriftlich beeindruckte er als glänzender Stilist mit wortreichen Ausmalungen.

Huldigung eines Kollegen:

„Pettenkofer verdankt, wie wir gesehen haben, seine Bedeutung nicht allein seinem Talent, seinem Fleiß, seiner mächtigen Intelligenz; er verdankt sie zum nicht geringen Teile seiner edlen Gesinnung. Seine großen persönlichen Erfolge verdankt er dem außerordentlichen Reize, dem Zauber, der von seiner Person ausging. Ich will versuchen, dem Leser klar zu machen, worauf er beruhte. Pettenkofer war mehr als ein Gelehrter, er war ein Mensch! Ein ganzer, eigenartiger Mensch mit empfänglichem Gemüt, mit warmem, starkem Herzen, das leidenschaftlich zu schlagen vermochte; ein Mensch, der sich zu geben wagte, wie er war. Pettenkofer war das, was Goethe mit einem Worte eine „Natur" zu nennen pflegte. Das „größte Glück der Erdenkinder", Persönlichkeit, war ihm zu teil geworden. So, wie er selbst urwüchsig war und bei aller Wohlerzogenheit urwüchsig blieb, so liebte er auch Urwüchsigkeit. Selbst, wenn sie hässlich und gar nicht salonfähig war, behagte sie ihm besser als schnöde Convenienz, als geschniegelte Schablone. Einfachheit und Schlichtheit waren ihm Lebensbedürfnis. Professor, Geheimrat,

Exzellenz, er blieb der biedere Altbayer, der schlichte in sich selbst ruhende Mann. Er ging viel lieber im bequemen Lodenmantel und weichen, altgewohnten Filz daher, als im besternten Frack und im Zylinder. Sein gesunder Magen zog derbe Hausmannskost gegenüber allen Leckereien der Welt vor. Der Präsident der Akademie, der Ritter hoher Orden setzte sich gelegentlich mitten unter einfache Handwerker und Fabrikarbeiter, um mit ihnen sein einfaches Mittagsmahl zu verzehren. Es wurde ihm erzählt, wie ein alter Maurer den jüngeren Genossen die Durchlässigkeit des Holzes bewiesen habe, von der er durch Pettenkofers Vorträge wusste. Er tauchte ein hartes Buchenholz in sein Bier und blies in das andere Ende hinein, sodass der Schaum aufperlte. Pettenkofer sagte vergnügt: „Ja, das weiß ich schon lange, dass es unter den einfachen Arbeitern Leute gibt, die gescheiter sind als ich." Selbstkritik hielt ihn innerlich frei und unabhängig und machte ihn unempfänglich gegen die Gefahren, mit denen Eitelkeit einerseits, Schmeichelei und Wohldienerei andererseits den Charakter so manchen Mannes in ähnlicher Stellung bedrohen."

Max von Pettenkofer, Lithografie nach einem Foto von F. Müller

Detail des Pettenkofer-Brunnens an der Alten Akademie, Bildhauer: Adolf von Hildebrand

Im hohen Alter hatte Pettenkofers mächtiges Haupt mit den von blendend weißem Haupthaar und Bart umrahmten, verwitterten, noch immer kraftvoll gespannten Gesichtszügen etwas ungemein Ehrwürdiges und Bedeutendes. Man musste ihm ins Auge schauen, um zu erkennen, dass man einen ungewöhnlichen Mann vor sich hatte. Pettenkofer hatte eine etwas umflorte, aber höchst wohllautende Stimme. Sein Gespräch war stets einzigartig, wohlgeprägt und mit feinem Bedacht gewählt, dabei frei von jeder Ziererei. Sein akademischer Vortrag war schmucklos, aber äußerst anziehend, da er seine Ausführungen so zu geben verstand, als ob sie gerade erst in seinem Kopf entstanden wären. Oft überraschte er durch spontanen Witz, oder durch ironische kurze Bemerkungen, die den Nagel auf den Kopf trafen. Er wusste die Menschen sehr gut zu behandeln und das richtige Wort zur richtigen Zeit am richtigen Ort zu finden.

Man darf ihn sich aber trotzdem nicht etwa nach dem herrlichen Stile seiner Schriften und wohl-verbreiteten Vorträge als einen großen Redner oder glänzenden Plauderer vorstellen.

Oft musste er die Worte suchen und machte dann Pausen, die er mit einem rührend verlegenen Räuspern ausfüllte. Im Gespräch pflegte er den Kopf stark nach rückwärts und etwas seitwärts zu legen. Bei etwas Wichtigem pflegte er die Augenbrauen stark emporzuziehen und die Augen weit zu öffnen, um den Eindruck des Gesagten auf den Hörer, besser beobachten zu können. Dabei bohrte sich sein Blick förmlich ein.

Die „Deutsche Chemische Gesellschaft" hat Pettenkofer wiederholt die höchsten Ehren erwiesen, die sie zu vergeben hat. Sie hat ihn zu ihrem Ehrenmitglied ernannt und später eine Medaille für ihn prägen lassen. Sie hatte erkannt, dass Pettenkofer die Chemie, die er so innig liebte, ihn zu größten Ruhm führte, ohne dass sie sein grundsätzliches Arbeitsgebiet betroffen hat.

„Pettenkofers Name wird zu einem Wahrzeichen des 19. Jahrhunderts werden. Um die Zeit dieser 50 Jahre zu kennzeichnen, wird die Kulturge-schichte sie auch die Zeit Pettenkofers nennen müssen."[59]

Anekdoten

Max von Pettenkofer, Holzstich
nach einer Fotografie von
Jacques Pilartz, Bad Kissingen

Anlässlich einer Feier preist der Sprecher von Pettenkofers Schülern, Professor Emmerich, den „Lehrer und väterlichen Freund":

„Ich kenne keinen unter ihren Schülern dessen Herz sie nicht im Sturm eroberten durch ihre herzgewinnende, natürliche Liebenswürdigkeit und Bescheidenheit, durch gerade und ehrliche Offenheit, durch hilfsbereites Wohlwollen und, wenn es galt, durch wahrhaftiges, inniges Mitgefühl – glücklich, wer es niemals bedurfte! - wenn aber einen von uns schweres Unglück betraf, dann haben sie, innig geliebter Lehrer, väterlicher Freund, mit uns getrauert, mit uns geweint, und dieser lindernde Balsam aufrichtiger Teilnahme war uns Trost und Erhebung. Aber auch wenn Donnerwolken fremdes Glück umhüllten, wenn die seuchenbringenden Pfeile zerschmetternd niederfuhren unter die Ärmsten des Volkes, und wenn sie von heroischen Taten wahrer Seelengröße im Unglück erzählten, auch da sahen wir Tränen des Mitgefühls in ihren Augen perlen. Wenn Hochherzigkeit, Menschenlieben und selbstlose Herzensgüte des Lorbeers würdig sind, dann schmückt auch dieser Ruhmeskranz ihr teures Haupt."

Pettenkofer fühlte sich glücklich im Umgang mit einfachen Leuten. Er war oft im Garten des dem Institut gegenüberliegenden Wirtshauses und unterhielt sich, mit wem auch immer, über dessen Sorgen und Interessen. Oder man sah ihn im Kaffeehaus sitzen, mit seinem letzten Kameraden aus dem Wilhelmsgymnasium, einem Chorsänger aus dem Hoftheater, intensiv plaudern.

Sein Nachfolger im Hygieneinstitut Hans Ernst August Buchner schrieb: *„Wer in seine Augen blickte, die unter den tief beschatteten Brauen feurig und doch milde hervorleuchteten, und wer den ganzen bedeutungsvollen Ausdruck dieser markanten Züge auf sich wirken ließ, der wußte, dass er es mit einer ungewöhnlichen Persönlichkeit zu tun hatte."*

Er war, was der bayrische Bauer als so bescheiden klingendes und doch als höchstes Lob ausspricht: *„a richtiga Moh."*[60]

Im Kreise von Freunden und Kollegen konnte er ein einfallsreicher Wortführer und bei Späßen ein witziger Initiator sein. Lustige, geistreiche Aussprüche gingen ihm locker von den Lippen, wie in folgenden Beispielen:

Als ihm der Kommandant der Münchner Feuerwehr seine Vermählungsanzeige übersandte, gratulierte Pettenkofer diesem herzlich mit der Bemerkung: *„Ich muss mich bei den guten und tüchtigen Feuerwehren in München doch sehr wundern, dass trotzdem zwei Herzen in Brand geraten konnten."*

Bei einem Gastmahl gab es zum Nachtisch Kirschen. Pettenkofer tauchte jede Kirsche in ein Glas Wasser, bevor er sie aß. Mit einem seiner Tischnachbarn kam er darüber ins Gespräch. Pettenkofer meinte, dass die Reinlichkeit das Fundament der Hygiene sei. Man unterhielt sich weiter und Pettenkofer verspeiste seine Kirschen. Die Unterhaltung hatte seine Kehle trocken gemacht, in Gedanken nahm er das Wasserglas und trank es aus. Da entstand unter seinen Tischgenossen ein heiteres Gelächter, worauf er leicht resignierend reagierte: *„Ja, wenn wir uns nicht selber an der Nase herumführen würden, wären wir keine Menschen."*

Seine gelegentliche Zerstreutheit zeigt folgende kleine Szene: Wenn er unterwegs war, ließ er häufig seinen Schirm da und dort stehen. Vor einer Reise rief ihm seine Frau nach: „Denk daran, den Schirm nicht zu vergessen". Auf der Heimfahrt mit dem Zug hatte er einen Aufenthalt in Augsburg und nutzte diesen, um seine Frau anzurufen: „...und übrigens, meinen Schirm habe ich dabei". Als er heim kam, holte ihn seine Frau am Zug ab. Sogleich vermisste sie den Schirm. Den hatte er im Augsburger Telegraphenamt stehen gelassen. Womöglich entwickelte sich daraus die durch die Münchner Blätter wandernde Redewendung über den „zerstreuten Professor".

Pettenkofer ironisch mit sich selbst: *„Ein Apotheker ist ein Mann, der von Eingebungen lebt. Er fühlt sich umso wohler, je schlechter es anderen geht; außerdem braucht er das Pulver nicht erfunden zu haben, wenn er es nur gut mischen kann."*

In Berlin besuchte er in seiner Eigenschaft als Reichsgesundheitsrat eine Badeanstalt. Die Sauberkeit des Bades ließ aus seiner Sicht zu wünschen übrig. Bissig meinte er: *„Ich sehe, hier badet der Verein für Gesundheitswesen."*

Einer seiner Hochschüler, der nur mit knapper Not die Schlussprüfung bestanden hatte, erfuhr seine Gratulation: *„Lieber Doktor, ich gratuliere Ihnen herzlich, aber bitte fangen Sie in München keine Praxis an, die Sterblichkeit ist bei uns erschreckend hoch."*

Bei einer Prüfung des Arzneiwissens fragte er einen Studenten: *„Was verabreichen Sie dem Patienten?" „Morphium, Herr Professor" „Schön, und welche Menge?"* Der Kandidat nannte die Dosis. *„Hm, hm"*, sinnierte der Professor *„und nun sagen Sie mir bitte noch, was Sie als Todesursache angeben."*[61]

Manchmal pochte Pettenkofer rechthaberisch auf seiner Überzeugung. Bei einem Kollegen, der seine entgegengesetzte Meinung damit begründete: *„Ich habe alle ihre Schriften gelesen, dennoch bin ich anderer Ansicht,"* parierte Pettenkofer: *„Was besagt das schon?, man muss das, was man liest, auch begreifen."*

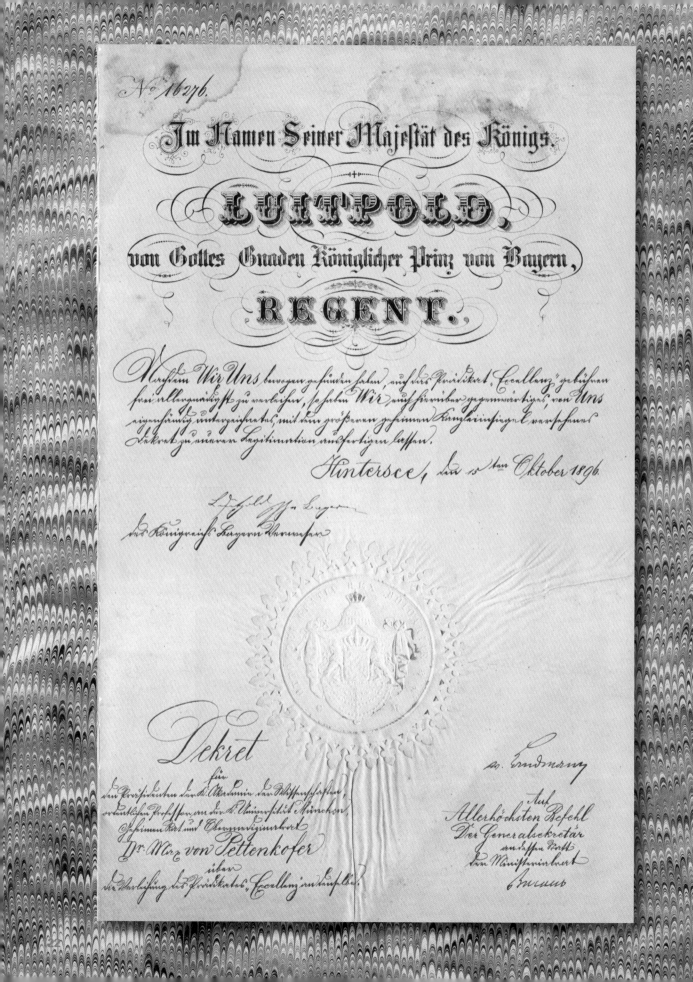

Nᵒ 16276.

Im Namen Seiner Majestät des Königs.

LUITPOLD,

von Gottes Gnaden Königlicher Prinz von Bayern,

REGENT.

Nachdem Wir Uns bewogen gefunden haben, ... das Prädikat "Excellenz" gebühren ... zu verleihen, so haben Wir ... gegenwärtiges, von Uns ... unterzeichnetes, mit dem größeren geheimen Kanzleisiegel versehenes ... zu seiner Legitimation ausfertigen lassen.

Hintersee, den 15ten Oktober 1896.

Dekret

für

Dr. Max von Pettenkofer

über

Auf
Allerhöchsten Befehl
Der Generalsekretär

Lobeshymnen ohne Ende

Max von Pettenkofer
mit seinen Orden

Alle Ehrungen aufzuzählen, ist bei aller Wertschätzung auf keinen Fall möglich, aber tauchen wir dennoch ein in seine Trophäenvielfalt und lassen uns einige Lobpreisungen auf der Zunge zergehen:

Zu seinem Kollegen, Carl von Voit, meinte Pettenkofer in einem Anflug von Selbstironie: *„Der Ordenssegen und der ewige Weihrauch, denen ich unterworfen bin, machen mich noch ganz krank. Ich muss mich grad davor hüten, dass ich vor Aufgeblasenheit nicht platze."*

Wir wissen, dass er sich über einige Auszeichnungen sehr gefreut hat, weil dadurch sein Werk geehrt wurde. Seine Ernennung zum Münchner Ehrenbürger trieb ihm Freudentränen in die Augen. Als er zu seinem 70. Geburtstag eine Festveranstaltung, die von allen seinen ehemaligen Schülern veranstaltet wurde, erleben durfte, war er vor Freude zutiefst gerührt. Zu diesem überfüllten Festabend sind nicht wenige gekommen, die eine weite Reise, sogar aus Übersee, zurücklegen mussten. Freundlichkeiten, die von Herzen kamen, bewegten ihn sichtlich und wurden mit großer Dankbarkeit entgegengenommen. Andere aber, sogenannte Routineauszeichnungen, ließen ihn vollkommen kalt und er zeigte sich eher gelangweilt.

Die Bayerischen Könige Ludwig I., Maximilian II. und Ludwig II. sowie Prinzregent Luitpold schätzten die Leistungen des Wissenschaftlers hoch ein und alle ehrten ihn durch hohe Auszeichnungen.

Neunmal wurde ihm der Ehrendoktor von Universitäten verliehen, darunter in Wien, Kiew, Edinburgh, Padua, Kasan und Bologna.

Unzählbar waren seine Mitgliedschaften und Ehrenmitgliedschaften in wissenschaftlichen Akademien und Medizingesellschaften, so in Rom, Berlin, Athen, Turin, Wien, Paris, Brüssel, Stockholm, Warschau, Edinburgh, Budapest, Jekaterinburg, Madrid und vielen anderen mehr.

Pettenkofer verfasste ca. 300 Bücher, Gutachten, Fachbeiträge und Broschüren sowie unzählige Kommentare und Vorträge. Eine kleine Zusammenfassung seiner umfangreichen Auszeichnungen, ohne Anspruch auf Vollständigkeit:

1846 Mitglied der Akademie der Wissenschaften
1847 Professor für medizinische Chemie
1849 Mitglied des Obermedizinalausschusses
1850 Berufung zum Hofapotheker
1865 Rektor Magnifikus der Universität, Ehrentitel für promovierte Mediziner
1870 Für seine patriotische Gesinnung, für seine ausgezeichneten Leistungen als Wissenschaftler und Lehrer, wird ihm von König Ludwig II. der Titel und Rang eines Königlich Geheimen Rates verliehen.
1872 Ehrenbürger von München
1879 Eröffnung des Hygienischen Instituts, heute das Max von Pettenkofer-Institut, ein Forschungszentrum für Bakteriologie und Virologie

1883 Pettenkofer erhält den erblichen Adel
1890 Präsident der Akademie der Wissenschaften
1893 Verleihung der Goldenen Bürgermedaille
1896 Verleihung des Titels Exzellenz, eine Auszeichnung für Spitzenleistung in der Wissenschaft und für einen Buchtitel
1897 Harbenmedaille
1899 Die „Münchner Bürger-Stiftung" macht Pettenkofer mit einer Goldmedaille ein persönliches Geschenk zur Vollendung des 80. Lebensjahres, er vermachte das Goldstück der Staatlichen Münzsammlung München.
1899 Widmung eines Trinkbrunnens in der Neuhauserstraße
1901 In seinem Todesjahr erscheint eine Gedenkmedaille an den Vater der Hygiene. Eine Briefmarke und Reklamemarken mit seinem Abbild kommen in Umlauf
1902 Die Pettenkoferstraße bekommt ihren Namen, ehemals Findlingstraße
1909 Einweihung vom Pettenkofer-Denkmal am Maximiliansplatz
1968 5-DM-Sondermünze, anlässlich des 150. Todestages

Im Jahr 1981 beschlossen die Mitglieder des Zentralrates der Deutschen Bundesbank eine neue Banknotenserie auszugeben, aufgrund weiterentwickelter Erkenntnisse bei der Fälschungssicherheit. Die Gestaltung sollte Porträts von Persönlichkeiten der deutschen Geschichte beinhalten. Die Landesbanken aller Bundesländer waren aufgerufen, Vorschläge zu präsentieren.

Die Chefetage der Bayerischen Landesbank einigte sich auf die Gelehrten Pettenkofer und Fraunhofer, womit die Bayerische Wissenschaft bestens repräsentiert gewesen wäre.

Pettenkofer gelangte sogar in die Endauswahl, doch die anschließende Entscheidung für das Erscheinungsbild des 10-Mark Scheines fiel dann auf Carl Friedrich Gauß, ebenfalls Wissenschaftler auf dem Gebiet von Mathematik und Physik. Wie gerne hätte ich ab 1. Oktober 1990, nach dem Erscheinen, mit einem „Pettenkofer-Schein" bezahlt, wie hier abgebildet.

Ein Vorschlag für den nicht verwirklichten Entwurf eines 10-Mark-Scheins mit dem Portrait von Pettenkofer (oben, Entwurf: Evelyne Andrae und Kathrin Flinner) und der tatsächlich ausgeführte Entwurf des Chefgraphikers Reinhold Gerstetter der Bundesdruckerei, Berlin (unten).

Am 3. Dezember 1888, dem 70. Geburtstag von Dr. Max von Pettenkofer, bot sich den Bürgern der Stadt München Gelegenheit, diesen besonderen Mann, den die Bürger mit Stolz zu den Ihrigen zählten, nochmal außergewöhnlich zu ehren.

Die Einwohnerzahl betrug damals gerade 265.000. Ein ganz besonderer Beweis der Bewunderung und Verehrung der wissenschaftlichen Welt für ihren großen Mitstreiter und Förderer war die von dem Münchner Gemeindekollegium ins Leben gerufene Pettenkofer-Stiftung. Am Morgen des Geburtstages erschien der Münchner Magistrat, die beiden Bürgermeister und die Gemeindebevollmächtigten an der Spitze in der Wohnung Pettenkofers und überreichten dem Jubilar die von Künstlerhand angefertigte Urkunde über die Pettenkofer-Stiftung: „Herrn Geheimrat, Universitätsprofessor Dr. Max von Pettenkofer, Münchens Ehrenbürger, dem bahnbrechenden Forscher, dem Begründer hygienischer Wissenschaft, dem hochverdienten Meister und Lehrer, dem treuen Berater, Führer der Stadt München auf den Wegen gesundheitlichen Fortschreitens, widmet München zum siebzigsten Geburtstage innigsten Dank und Segenswunsch und eine Stiftung von 10.000 Mark, welche den wissenschaftlichen Zielen seines großen Bürgers in seinem Namen und Geiste für alle Zeiten dienen soll.

Unterzeichnet, die Bürgermeister Dr. Johann von Widenmayer, Wilhelm Borscht und die Vorstände Dr. von Schultes und Friedrich Hänle."

Am 8. April wurde die Stiftung bestätigt. Verschiedene Stadtgemeinden stockten den Grundbetrag mit weiteren größeren und kleineren Beträgen auf. Die Pettenkofer-Stiftung vergibt Forschungspreise an herausragende wissenschaftliche Arbeiten auf dem Gebiet der praktischen Hygiene. Als Schirmherr fungiert heute das Sozialreferat München.

Das Ereignis seines 50-jährigen Doktorjubiläums wurde 1894 zu einem rauschenden Fest, an dem nicht nur Münchner Wissenschaftler teilnahmen, sondern auch Persönlichkeiten und Institutionen

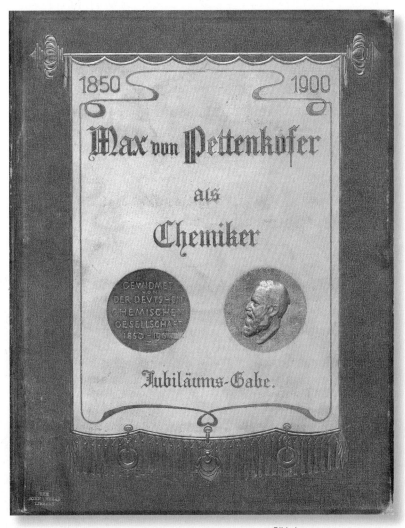

Bild oben:
Jubiläums-Gabe 1850–1900
Max von Pettenkofer
als Chemiker

Polytechnische Buchhandlung
A. Seydel, Berlin 1900

Bild unten:
Bürgermedaille
der Stadt München

aus dem ganzen Deutschen Reich und dem Ausland. Die Stadt München verlieh Pettenkofer die höchste Auszeichnung, die zu vergeben war. Neben der bereits zuerkannten Ehrenbürgerschaft erhielt er die Große Goldene Bürgermedaille. Um 1900 lebten nur drei Träger dieser Medaille.

In einem Festakt im Münchner Rathaus traten nicht weniger als 16 Redner aus dem wissenschaftlichen und politischen Bereich auf. Pettenkofer erwiderte jedem Redner aus dem Stegreif und dankte für die Ausführung. Dabei ging er auf alles ein, wehrte allzu große Lobsprüche ab. Gern ergänzte er das jeweilige Thema in seinem Sinn. So zum Beispiel tat er dies gegenüber dem Dekan der Medizinischen Fakultät, Professor Dr. Angerer.

In Anbetracht dessen, dass die Fakultät seinerzeit Pettenkofers Vorschlag, das Fach der Hygiene zum Prüfungsfach zu ernennen, zunächst abgelehnt hatte, führte Pettenkofer aus:

„Eure Spektabilität, hochverehrte Kollegen! Sie beglückwünschen mich wegen meiner Leistungen für das Fach der Hygiene, gegen das einst große Vorurteile in den medizinischen Fakultäten bestanden. Dass diese Vorurteile überwunden worden sind, ist weniger mein Verdienst, als das der Münchner medizinischen Fakultät. Wäre diese nicht vorangegangen mit der Anerkennung des Fachs, wären andere nicht nachgefolgt. Ich halte Vorurteile gegen alle Neuerungen für berechtigt und nützlich. Sie sind ein unbewußter Schutz gegen ungerechtfertigte und falsche Neuerungen, gegen viele schwache Dinge, die noch nicht lebensfähig sind, denn nur was sich als lebensfähig erweist, hat auch das Recht zu existieren und durchzudringen. Aber zur Überwindung dieser Vorurteile gegen das Fach Hygiene, hat die medizinische Fakultät das meiste beigetragen. Wäre sie nicht vorangegangen, würde es wahrscheinlich noch lange gedauert haben, bis das Fach der Hygiene auch anderwärts Aufnahme gefunden hätte. Ich kann aus diesem Grunde nur meinen innigsten Dank der Fakultät und ihren Mitgliedern wiederholen, dass sie stets freudig und andauernd mitgeholfen haben, alle Hindernisse allmählich aus dem Wege geräumt zu haben. Ich bitte also nochmals meinen innigsten Dank entgegenzunehmen.“

Das nenne ich die gekonnte Form eines Anschisses, eingehüllt in voluminöser Lobpreisung, so macht man das. Prinzregent Luitpold von Bayern bestellte ihn 1896 zum Generalkonservator aller staatlichen naturwissenschaftlichen Sammlungen Bayerns und ernannte ihn zum wirklichen geheimen Rat mit dem Titel Exzellenz. Diese Ehrung freute Pettenkofer durchaus, weil sie vom Herrscher Bayerns kam. Seine besondere Zuneigung gehörte, so war es von ihm oftmals zu hören, dem Geschlecht der Wittelsbacher. Obwohl die Anrede „Exzellenz" ihm nicht ganz recht war. Er fürchtete, man könnte glauben, er lege mehr Wert auf Titel, als es tatsächlich der Fall war und, dass dieser Titel, gemäß seiner schlichten bürgerlichen Einstellung, allzu großspurig und protzig sei. Aus seiner Sicht bestand sogar die Gefahr, sich damit von seiner volksnahen, bescheidenen Haltung zu entfernen und sich gegenüber seinen Mitbürgern zu entfremden. Die vielen Ehrungen waren nicht imstande, sein schlichtes Wesen zu ändern. Mit seinem bescheidenen Auftreten in Lodenmantel und Schlapphut konnte er einen Fremden, dem man gesagt hätte, dass dies der weltberühmte Pettenkofer sei, leicht verblüffen.

Nach dem Durchforsten aller Pettenkofer-Überlieferungen steht einer dauernden Verwendung seines verdienten Titels „Exzellenz" rein gar nichts im Wege. Ich übernehme diese Anrede sogar mit Freude und schmücke damit dieses Buch, samt der Geste eines Handkusses. Meine Verehrung für diesen Menschen kann auch mit allen wohlklingenden Attributen nicht annähernd vollständig ausgedrückt werden, also schmücken die Bezeichnungen Exzellenz, Weltverbesserer, Wohltäter, Saubermann, Hygienepapst und Scheißhäuslapostel die Person Max von Pettenkofer bestens.

Am 14. Mai 1914 bildete sich ein Komitee, um die Gründung für ein Pettenkoferhaus mit Museum zu planen, Standort Praterinsel, dort wo heute der Alpenverein beheimatet ist. Das Pettenkoferhaus sollte eine feste Bildungsstätte für Gesundheit verkörpern und die allgemeine Volksbildung fördern. Leider verlief sich dieses Vorhaben im Sande und wurde nie realisiert. Ausstellungsmaterial gäbe es heute noch genug. Aus Anlass seiner wegweisenden Betrachtungen über die Atomgewichte und zum Gedenken an seine 50-jährige Zugehörigkeit zum Verband der deutschen Chemiker wurde der berühmte Bildhauer Adolf von Hildebrand beauftragt, eine Goldene Medaille zu konzipieren. Diese große Medaille, die Hildebrand mit dem Bildnis des Geehrten eigens entworfen hatte, wurde dem Jubilar von der Vereinigung der Deutschen Chemie und Vertretern der Stadt München feierlich überreicht. Die Übergabe vollzogen Adolf von Baeyer, Emil Fischer und Jacobus Hendricus van t'Hoff, alle drei gleich zu Beginn des neuen Jahrhunderts Nobelpreisträger.

Medaillen

Von der Medaille der Deutschen Chemischen Gesellschaft wurden aufgrund des großen Anklangs bei den Festteilnehmern 50 Exemplare in Silber und 300 in Bronze nachgegossen. Eines dieser Bronzestücke konnte ich ausfindig machen und ergattern. Derselbe Entwurf fand Verwendung in dem Relief am Pettenkoferschen Trinkbrunnen an der Alten Akademie.

Das sehr exklusive Royal Institute of Public Health hatte Pettenkofer 1897 mit der Harbenmedaille, die zuvor nur einmal verliehen worden war, ausgezeichnet. Diese goldene Medaille war die damals weltweit höchste Auszeichnung auf dem Gebiet des Gesundheitswesens. Das Lob stützte sich darauf, dass Pettenkofer mit seiner konsequenten Anwendung der experimentellen Methoden auf dem Feld der Gesundheit und der Hygiene dazu verhalf, sichere Erkenntnisse zu erhalten. Er ist der Begründer der wissenschaftlichen Hygiene.

Medaille mit dem Portrait von Max von Pettenkofer. Gewidmet von der Deutschen Chemischen Gesellschaft, Entwurf: Adolf von Hildebrand, 1900

Orden

Schon beinahe zur Last gefallen sind die vielen Ordensverleihungen, die über ihn hereinbrachen. Im Münchner Stadtarchiv sind immerhin 118 Orden verzeichnet. Einige, die ihm sicher viel bedeutet haben – Medaillen, Plaketten oder Verdienstkreuze – sind hier aufgelistet:

Verdienstorden des hl. Michael, Bayern
Verdienstorden der Bayerischen Krone
Maximiliansorden für Wissenschaft
    und Kunst, Bayern
Ritterkreuz des Friedrichsordens, Württemberg
Komthurgroßkreuz des Rosenordens, Brasilien
Kommandeurkreuz des Ordens
    der Jungfrau Maria, Portugal
Großkreuz vom hl. Michael, Bayern,
    verliehen von Prinzregent Luitpold
St. Stanislausorden mit Stern, Russland
Nordstern-Orden Komthur, Schweden

Kronenorden mit Stern, Preußen
Großkreuz des hl. Sawa, Serbien
Großoffizier der italienischen Krone, Italien
Komthurkreuz des Roten Adlerordens mit Stern

Überreicht hat das Komthurkreuz der Direktor des Kaiserlichen Gesundheitsamtes, Geheimrat Dr. Köhler. Die deutsche Kaiserin und preußische Königin Augusta Victoria telegrafierte zu diesem Anlass:

„Ich sende Ihnen zu Ihrem heutigen Jubelfeste meine aufrichtigen Wünsche. Möchte Ihnen, dem Begründer der experimentellen Hygiene, dem hervorragenden und unermüdlichen Förderer der Gesundheitslehre und der Gesundheitspflege noch ein langer schöner Lebensabend beschieden sein zum Nutzen und Segen Ihrer Mitmenschen."

Büsten

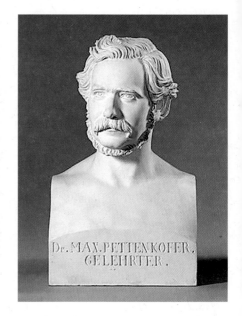

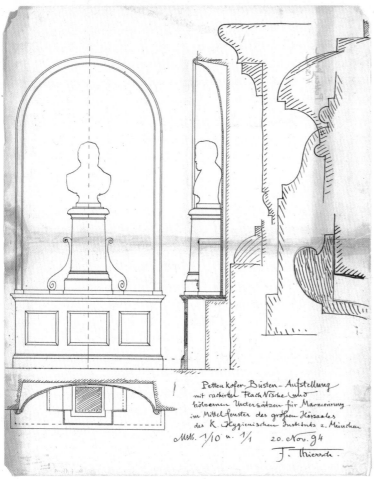

Eine Büste Pettenkofers von Friedrich von Thiersch ziert das Mittelfenster des großen Hörsaales im Hygieneinstitut. 1884 kam es zur Aufstellung der Büste. Seine Mitstreiter ließen es sich nicht nehmen, über seinen Kopf hinweg diese Auszeichnung für seine Verdienste durchzusetzen. Eine weitere Büste im Lesesaal (Ehrensaal) des Deutschen Museums, ist derzeit im Archiv und nicht aufgestellt.

Vor dem Heimatmuseum in Karlshuld befindet sich ebenfalls eine Darstellung seines Konterfeis. Ohne jeden Zweifel existieren weltweit eine Menge weiterer Pettenkoferstatuen, hier nur eine kleine Auswahl.

Im Ruhmestempel an der Donau, der Walhalla, auf Veranlassung des bayrischen Königs Ludwig I. errichtet, werden seit 1842 bedeutende Persönlichkeiten mit Marmorbüsten und Gedenktafeln geehrt. Eine dieser Büsten zeigt seit 1962, nach geduldigem Warten, unseren Max von Pettenkofer und weist auf den Rang seiner Bedeutung hin.

Entwurf für die Aufstellung der Pettenkofer-Büste im Mittelfenster des großen Hörsaals des Hygienischen Instituts, Friedrich von Thiersch, 1894 Deutsches Museum, Bibliothek

  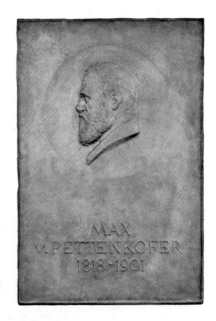

Im Mai 2002 wurde im Apothekenhof der Münchner Residenz eine Gedenktafel zu Ehren des weltberühmten Apothekers und Wissenschaftlers enthüllt. Mit dieser Bronzetafel von dem Künstler Prof. Hubertus von Pilgrim, gestiftet von der Bayerischen Landesapothekenkammer und der Lesmüller-Stiftung, wird Pettenkofers 100. Todestag gedacht.

Sobald wir in München vor die Tür treten, stolpern wir noch über zahlreiche Erinnerungsattribute. Man könnte jeden der 35.000 Kanaldeckel in der Stadt als gußeiserne Gedächtnismedaille für unseren „Scheißhäuslapostel" ansehen und jeder Münchner Wasserstrahl hat einen Initiator: Max von Pettenkofer, den Wasserg'schaftelhuber.

Plastische Darstellungen
von Max von Pettenkofer

Obere Reihe von links nach rechts:

Büste im Hygienischen Institut

Marmorbüste in der Walhalla

Büste in der Neuen Pinakothek, Johann von Halbig, 1864

Bilder auf dieser Seite:

Büste Max von Pettenkofer

Reliefportrait Max von Pettenkofer

Reliefportrait im Hygienischen Institut

Gedenktafel im Apothekenhof der Münchner Residenz, Entwurf Hubertus von Pilgrim, 2001.

Zu guter Letzt

Wir gönnen Pettenkofer von ganzem Herzen den hochverdienten Frieden während seiner letzten Ruhe im Alten Südlichen Friedhof, wir verbeugen uns, wenn wir sein steinernes Denkmal in der Max-Joseph-Straße passieren oder wir schlendern, auf dem Weg zur Wies'n, andächtig durch die Pettenkoferstraße. Vielleicht können wir auch bald einen Becher frisches Quellwasser genießen, in Begleitung unserer Hunde, an seinem wiederhergestellten Brunnen in der Neuhauserstraße.

Jedenfalls ist uns allen jetzt bewusst, welch unvorstellbare Errungenschaften mein Onkel Pettenkofer für uns und die Nachwelt hinterlassen hat. Dennoch war das nur ein kleines Bündel seiner Verdienste, sozusagen ein kleiner Einblick in seine Hygieneschufterei.

Die Gesellschaft für Hygiene und Umweltmedizin publizierte eine Pressemitteilung zu Pettenkofers 100. Todestag 2001: *„Im 20. Jahrhundert hat sich die durchschnittliche Lebenserwartung um 30–35 Jahre verlängert. 25 dieser 30 Jahre werden auf Erfolge in Hygiene und öffentlicher Gesundheit zurückgeführt. Gerade mal fünf Jahre werden der kurativen Medizin zugeschrieben.*

In Bayern, dem Mutterland der wissenschaftlichen Hygiene, gibt es derzeit keinen eigenständigen Lehrstuhl für Hygiene mehr, sodass an bayerischen Universitäten gegenwärtig kein Arzt für Hygiene und Umweltmedizin ausgebildet werden kann. Eine ähnliche Entwicklung kündigt sich auch in anderen Bundesländern an."[62]

Daher ein dringender Aufruf an die Universitäten und die Länder, dem Fach Hygiene und öffentliche Gesundheit, aufgrund der vielfältigen Herausforderungen, wieder zu einer Leitwissenschaft zu verhelfen. Denken wir an die Umwelt, das Wasser, den Boden, die Bevölkerungsexplosion – und nicht zuletzt an unser jetziges weltweites Coronaproblem. Vielleicht versprechen diese Themen nicht den nötigen wirtschaftlichen Reibach, aber im Sinne der klugen Zukunftsplanung eines Max von Pettenkofer sollten wir ihnen unbedingte Priorität einräumen.

Die Medizinisch-wissenschaftliche Gesellschaft verlieh an seine hervorragendsten Mitglieder den „Max von Pettenkofer-Preis" als höchste Auszeichnung. Heute finden sich auch noch einige wissenschaftliche Einrichtungen, die als Anerkennung einen Max von Pettenkofer-Preis verleihen, mein Vorschlag dazu wäre, diesen Preis evtl. mit einer Pettenkofer-Miniatur aufzuwerten.

„Rosige Aussichten"
Mit großer Wahrscheinlichkeit werden auch in Zukunft Aufgaben auf uns zukommen, für die geniale Ideen und uneigennützige Lösungen eines Pettenkofer gefragt wären.

Die Themen bleiben nach wie vor gleichartig:

Das Reinhalten von Luft, Wasser, Boden und Nahrung

Eine sorgfältige Hygiene

Vorbeugen und Bekämpfen von Krankheiten und Epidemien

Anpassen der Bevölkerungszahl an unseren Trabanten

Das Wichtigste, ein gesunder Menschenverstand.

Das Problem mit der Luftverschmutzung, nennen wir es Klimawandel, wird umfassend diskutiert, jedoch nur zögerlich angegangen. Die minimale Hoffnung, dass es nicht ganz zu spät ist, besteht womöglich noch. Die Wassermenge in der Atmosphäre bleibt zwar gleich, aber bei der Verteilung haben einige Gebiete zu wenig und andere zu viel, was ebenfalls dem Klima zuzuschreiben ist. Jedem ist die Dringlichkeit, unsere Wasserressourcen zu schützen und zu bewahren, bewusst.

Der Kampf, das vorhandene Trinkwasser bestmöglich zu vermarkten, hat bereits begonnen. Der Umgang mit dem Erdöl hat gezeigt, was uns noch blühen kann. Keiner will wahrhaben, dass unser Planet und damit auch die Rohstoffe allen zustehen. In München gehört das Wasser seit 1998 einer GmbH. Damit ist eine Preisbindung nicht mehr abhängig vom reinen Aufwand, sondern richtet sich mehr nach dem Markt. Wir alle werden das nach und nach zu spüren bekommen.

Details der Denkmäler am Maximiliansplatz:

Moment, ich hab' noch eine kleine Rätselaufgabe: Welche Schuhsohle gehört zu welchem Professor? Mit der Auflösung dieses Geheimnisses lasse ich Sie jetzt alleine … damit gute Nacht und wohl bekomm's.

Unser verbrauchtes Trinkwasser landet in Pettenkofers Abwasserkanälen und wird in den beiden Münchner Kläranlagen gereinigt. Ein Schwerpunkt liegt derzeit auf dem Aussondern von Medikamentenresten und Mikroplastik. Wie zu Pettenkofers Zeit, Mitte bis Ende des 19. Jahrhunderts, wird uns das Thema Reinlichkeit weiterhin begleiten.

Alle Gewässer bis hin zu den Weltmeeren werden mit Chemie und Müll zugestopft, wobei von dieser Sauerei noch kein Ende in Sicht ist.
Den Boden belasten wir mit allen möglichen Abfallstoffen bis hin zu atomarem Müll, womit sich noch unzählige Generationen rumschlagen müssen, ohne Aussicht auf eine endgültige Regeneration. Die Ausbeutung der Natur ist verantwortungslos und in einer Profitgesellschaft nicht umkehrbar. Nahrung könnte, auch ohne chemische Hilfsmittel, genug vorhanden sein, jedoch mit der Verteilung tun wir uns, wie beim Wasser, schwer, da zu viel und dort zu wenig. Neue Studien zeigen, dass die Gesamtmenge des Wassers nicht für alle Ewigkeit garantiert ist. Die Untersuchungen gehen davon aus, dass es 5 Milliarden Jahre dauern könnte, bis sich die Wassermengen in verschiedenen Mineralien im Erdmantel binden und die Ozeane auf diese Weise komplett austrocknen. Da haben wir also noch etwas Zeit und machen uns lieber Gedanken über unsere gegenwärtigen Schmutzeleien.

Eine sorgfältigere Hygiene haben wir uns unlängst während der Coronaepidemie angewöhnen dürfen und bewahren uns hoffentlich das Gelernte. Den Umgang mit Krankheiten und Epidemien überlassen wir unseren Wissenschaftlern und erst weit danach den Politikern, wenn überhaupt.

Ein Einfluss auf die Bevölkerungsexplosion dürfte nur mit weiterer Aufklärung und ganz schwierig, mit Vernunft, in den Griff zu kriegen sein.

Und der letzte Punkt und damit der allerkniffligste, der gesunde Menschenverstand. Wie ist das einigermaßen nüchtern zu bewältigen? Wir müssen uns alle vornehmen, weniger hektisch, weniger gereizt, dafür gelassener und verständnisvoller mit unserem Lebensumfeld umzugehen. Damit könnte das Abdriften unserer Allgemeinheit in immer mehr Extrembereiche eingebremst werden. Wie wir sehen, warten genügend Hausaufgaben auf die Weltgemeinschaft.

Mit Pettenkofers Worten könnte das zusammenfassend heißen, „Wir lassen keinen in der Gesellschaft zurück!"

Denkbare Fragen zu den Urheberrechten beruhen auf meiner Unbedarftheit und bedeuten mein ganz persönliches Versehen, wobei ein Auge zudrücken ab und an hilfreich wäre, vielen Dank.

Arm in Arm mit Onkel Max

Der Fernsehsender „München TV" strahlte im Sommer 2021
ein Porträt über den Münchner Karikaturisten Bernhard Prinz
aus. Gegen Ende des Beitrags wurde er gefragt, welche
Projekte in Zukunft anstehen. Seine Antwort war, er könne
sich gut vorstellen demnächst historische Persönlichkeiten
auszuarbeiten. Das war für mich der Impuls, mit Herrn Prinz
Kontakt aufzunehmen.

Erfreulicherweise zeigte er sich sofort angetan von der Idee,
eine Darstellung mit dem Thema Max von Pettenkofer anzufer-
tigen. Das Resultat wird auf der Seite nebenan präsentiert.

Bernhard Prinz
„Arm in Arm mit Onkel Max."
München 2021

MAX
v. PETTENKOFER
1818-1901

Kanalführungen heute

Heute können Besucher über eine Treppe den Blick in Münchens Untergrund, in die sorgfältig gemauerten Kanäle wagen. Die Stadt München ermöglicht es seit Mitte der 1980er Jahre, die Kanalisation zu besuchen. Die Treppenanlagen zum bequemen Hinabsteigen in den Untergrund stammen alle noch aus Pettenkofers Zeit, damals errichtet, um die Bürger aufzuklären über die Notwendigkeit einer solchen Einrichtung. Üblicherweise werden bei einer Besichtigungstour drei dieser Abstiege ausgewählt: Treffpunkt ist an der Ecke Akademie-/Türkenstraße, eine Treppe aus Granit führt bis an das vorbeifließende Kanalwasser, das alles, auch was wir uns nicht vorstellen wollen, mit sich führt. Der Besucher erfährt einiges über Kanalgeschichte mit Betonung auf Pettenkofer und über die weitere Entwicklung bis heute.

Anschließend geht's weiter in der Ungererstraße gegenüber der Echinger Straße. Vor dem Parkplatz am Nordfriedhof führen die Stufen hinab in ein großes Überlaufbauwerk aus dem Jahr 1900. Bei Starkregen kann, wie an 20 anderen Stellen, das überschüssige Wasser über einen Auslasskanal direkt in die Isar abgeleitet werden, um die Kläranlage vor einer Überflutung zu schützen.

Modell des Kanaleinstiegs und der Besuchergalerie Akademiestraße

Bilder unten:
Kanaleinstieg an der Akademiestraße und Wasserlauf unter der Besucher-Galerie

Bild oben:
Überlauf unterhalb der
Ungererstraße

Bild rechts:
Filmplakat „Der dritte Mann",
1949

Das Bauwerk entstand im Vorgriff auf die Reinigungsanlage in Großlappen, die erst 1925 in Betrieb ging. Bemerkenswert ist wieder der Weitblick unseres Hygiene-Apostels.

Dieser Kanal mit seitlichem Bankette und den ineinander gehenden gemauerten Gewölben zeigt die Kulisse, die sich Harry Lime, alias Orson Welles, in dem britischen Meisterwerk „Der dritte Mann", bot. Das Kanalsystem von Wien, kurz nach Ende des 2. Weltkrieges, diente Harry Lime als Versteck bei dem menschenverachteten Handel mit gestrecktem Penicillin. Der Film aus dem Jahr 1948 ist sehenswert, spannend und perfekt bis ins letzte Detail. Die Schauplätze der großen Verfolgungsjagd im Untergrund werden von der Stadt Wien heute noch als Besichtigungstour angeboten. Auf Wunsch von Orson Welles wurde damals für die Filmarbeiten sogar das Wasser angehalten, der Kanal gereinigt, mit Frischwasser beschickt und angeblich auch einparfümiert. Die bekannte Zithermelodie von Anton Karas dürfte heute noch vielen im Ohr klingen. Ein eigenes Museum in Wien zeigt Erinnerungen an die Dreharbeiten dieses Filmklassikers.

CAROL REED'S
THE THIRD MAN

JOSEPH COTTEN
ALIDA VALLI
ORSON WELLES
TREVOR HOWARD

"A BRITISH
MOVIE MASTERPIECE"

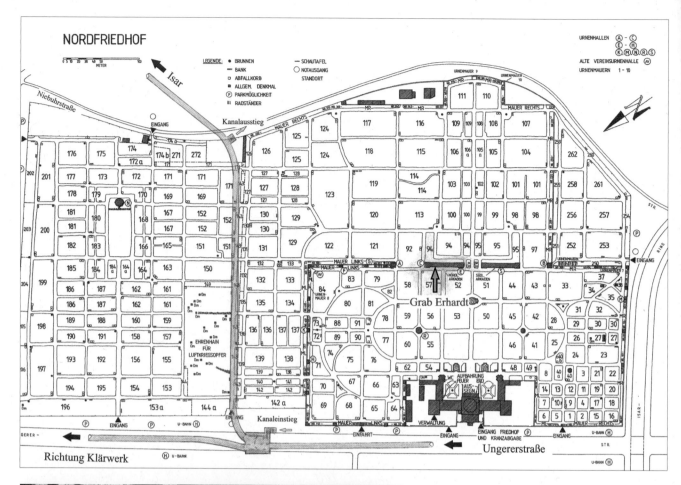

Lageplan des Nordfriedhofs
mit Kennzeichnung des Grab-
mals von Alois von Erhardt
(grüner Pfeil) und der Lage
des Überlaufkanals.

Im Bild unten der Ausstieg an
der Niebuhrstraße

Bilder auf der rechten Seite:
Regenrückhaltebecken

In diesem unterirdischen Kanalbauwerk besteht
darüber hinaus die Möglichkeit, den Kanal Richtung
Isar 300 Meter unter dem Nordfriedhof entlang
bis zur Niebuhrstraße zu marschieren und auf der
anderen Seite des Friedhofs über ein im Jahr 2008
errichtetes Treppenbauwerk wieder auszusteigen.
Mein Chef zog sogar in Betracht, den Ausstieg im
Friedhof einzurichten, doch diese Vorstellung
schien selbst mir zu kühn. Man stelle sich nur vor,
wir Kanaler steigen aus dem Untergrund empor
neben einer Trauergemeinde! Das hätte ja den
Anschein einer Gräberöffnung oder Wiederaufer-
stehung. Zu einer weltweiten Beachtung hätte
ein Kanalausstieg neben den Gräbern aber zweifelsohne führen können.

Nach dem Emporkommen aus dem jetzigen
Ausstieg kann man oberirdisch über den Friedhof
wieder zum Ausgangspunkt gelangen, wobei
zudem ein kleiner Schwenk vorbeiführt an dem
Grab von Alois Erhardt, Münchner Bürgermeister
und Pettenkofers ganz entscheidender Befürwor-
ter bei seinen Wasser- und Abwasserprojekten.

Anschließend braucht es fünf Minuten Fußweg entlang der Fröttmaninger Straße, an deren Ende uns erneut ein Abstieg erwartet bis in sechs Meter Tiefe in eines der sechs großen Münchner Rückhaltebecken aus den 1980er- bis 90er-Jahren mit der Fläche eines Fußballfeldes.

Hier kann bei Bedarf das Wasser aus dem Kanalnetz eingespeichert werden. Nach dem Ende der Regenfälle wird es wieder zurück in den Kanal entleert und schont somit die Wasserqualität der Isar. Seit 2015 hat die Isar im Bereich München sogar wieder Badewasserqualität.

Damit ist die ca. zweistündige Tour beendet, bei der jeder Besucher Pettenkofers Verdienste bestaunen kann. Bei der Münchner Stadtverwaltung können sich Interessenten, auch Gruppen, für eine solche Führung anmelden.

Begegnungen

Der Autor mit einer Besucher-
gruppe beim Kanaleinstieg an
der Ungererstraße

Am 19. Januar 2018, fragt mich eine Teilnehmerin bei einer Kanalführung: „Sind sie verwandt mit dem Pettenkofer?" Meine Antwort: „Nein, leider nicht." Darauf sie: „Weil sie reden über ihn, als ob's ihr Onkel wäre." Seitdem darf ich die Aussage für mich in Anspruch nehmen: „Mein Onkel Pettenkofer."

In der 2. Hälfte des 19. Jahrhunderts gab es in München Abfuhrunternehmen für die Abortgruben, darunter die Firma Holzapfel, die mit Holzkarren und Bottich sowie einer Schöpfkelle die Gruben entleerte und die Inhalte vor die Stadtmauer brachte.

Kanal unter der Paradies-
straße

Die Jauche diente dann den Bauern als Dünger. Im Jahr 2015 erwähnt ein schon älterer Teilnehmer bei einer Kanalbesichtigung: „Mein Opa hat immer erzählt, wenn's in der Schule nicht so hinhaut, dann wirst du halt Schankkellner beim Holzapfel."

Am 2. April 2019 fragt mich eine Teilnehmerin, wo ich die Pettenkofer Miniatur denn hätte machen lassen. Ich nenne ihr den Namen der Firma: „Youlittle". Ihr Kommentar darauf: „Mein Sohn wird demnächst zum Stadtrat ernannt und ich möchte ihm zu diesem Anlass einen Pettenkofer und ein Kanalbuch überreichen." „Das ist sehr gut", betone ich in die Runde und hoffe, sie hält sich daran.

Es muss ja nicht unbedingt die Stadtraternennung sein, dachte ich, es gibt doch auch andere Gelegenheiten, wie Hochzeit, Taufe, Geburtstag, Hausbau, Toiletteneinweihung usw., um mit einem kleinen Pettenkofer zu überraschen, Dieser soll uns dann an unsere eigene sowie an die allgemeine Stadthygiene erinnern. So könnte es vielleicht gelingen, dass sich mein Wunschtraum erfüllt und in jedem Haushalt nicht nur ein Bild hängt, eine Vase steht, ein Buch im Regal verstaubt (jetzt sogar zwei), ein Sparschwein in einer Ecke schmachtet, sondern jeder auch seinen eigenen Pettenkofer aufstellt und verehrt. Die ersten 100.000 Exemplare habe ich schon mal vorbestellt. Dazu ein Vermerk meines Mentors: „Nicht dein Ernst!!! Das kannst du bei Führungen im Plauderton erzählen, aber nicht zahlenden Lesern antun." – und ich tu's doch! Übrigens, die Dame hat ihre Pettenkoferminiatur bestellt und abgeholt, erfuhr ich von „Youlittle".

Im Jahr 2015 kommt eine Fotografin, während einer Kanalführung, auf mich zu, ob es möglich wäre, auch an anderen sehenswerten Stellen im Kanal Aufnahmen zu machen, nicht nur an den drei üblichen Besucher-Treppenabgängen. Wir treffen uns an einem sog. Überlaufbauwerk nahe der Isar, da ich mir dort ungewöhnliche Fotos vorstellen kann. Als ein „künstlerisches" Ergebnis entsteht dieses Foto, wobei aber noch mehr der Standortes dieses Fototermins bisticht. Der Schacht zu diesem Bauwerk befindet sich genau an der Ecke Himmelreich-/Paradiesstraße, schöner geht's wohl nicht mehr.

Ein Leben im Untergrund

In den Abwasserkanälen der Stadt fließt ein Gemisch aus Kot, Urin und Toilettenpapier. Kein freundlicher Ort, trotzdem hat Ben Tax hier den Großteil seines Lebens verbracht. 40 Jahre lang war er als Bauingenieur im Münchner Untergrund beschäftigt. Auch im Ruhestand zieht es ihn unter die Stadt – er führt Besucher durch die Kanalisation.

VON KATHARINA REDANZ

Mit beiden Beinen stand Ben Tax jahrelang in bräunlicher, riechender Suppe. Aber er fand seine Arbeit nie eklig. Seine Frau hingegen verbot ihm anfangs zu erzählen, wo genau er arbeitet: In den Münchner Abwasserkanälen, der Unterwelt der Stadt. 40 Jahre lang war Tax als Bauingenieur bei der Münchner Stadtentwässerung angestellt. Er hat Kanäle gereinigt, gewartet, repariert und Verstopfungen gelöst. „Ich bin ein Kanaler", sagt der fröhliche 65-Jährige voller Stolz.

Arbeiten in der dunklen, schmutzigen Abwasserbrühe Münchens: Tax hat seinen Job geliebt – und liebt ihn immer noch. Schon als Kind habe er unerlaubterweise mit dem Hund Ausflüge in die Kanalwelt unternommen. „Von der Isar aus sind wir damals eingestiegen", erzählt er lachend. Obwohl Tax seit Ende Juni im Ruhestand ist, lässt er es sich nicht nehmen, weiterhin Besucher durch die Eingeweide der Stadt zu führen. Und sie mit seiner Begeisterung für das Abwassersystem der Landeshauptstadt und insbesondere für Max von Pettenkofer anzustecken. Tax' Augen leuchten, wenn er diesen Namen ausspricht.

Max von Pettenkofer, geboren vor 200 Jahren, war Arzt und Apotheker. München verdankt ihm seine Kanalisation. Pettenkofer habe gegen viel Widerstand durchgesetzt, erzählt Tax, im 19. Jahrhundert habe niemand eingesehen, für Abwasser zu

Faszination Untergrund: Ben Tax war 40 Jahre lang für die Münchner Stadtentwässerung tätig. Die Kanalisation lässt ihn auch nach seiner Pensionierung nicht los – jetzt führt er Besucher durch die Gedärme der Stadt.
FOTOS: TOBIAS HASE/DPA

bezahlen. Als er dann aber nachweisen konnte, dass Krankheiten durch ein funktionierendes Abwassersystem deutlich eingedämmt werden könnten, durfte er die Kanäle bauen, sagt Tax.

1855 baute Pettenkofer den ersten „sinnvollen" Kanal der Stadt. Schnell merkt man dem Kanaler sein enormes Wissen zur Historie der Kanäle an. Er redet in hohem Tempo, um so viel wie möglich in seiner zweistündigen Führung unterzubringen. Rund 230 Kilometer des 2500 Kilometer umfassenden Kanalnetzes stammen noch aus dem 19. Jahrhundert. „Es ist unglaublich, wie weit Pettenkofer gedacht hat", sagt der Mann mit der charakteristischen Halbglatze begeistert.

Tax hat sich sogar ein Pettenkofer-Denkmal in Miniaturform nachmachen lassen. Er strahlt über das ganze Gesicht, als er den Mini-Pettenkofer aus Gips in der Hand hält. „Das ist aber nur eine erste Version", sagt er schnell, „ich bekomme ihn auch noch in Kunststoff und Edelstahl". Vielleicht bestelle

Idol Pettenkofer: Ben Tax hat sich eine Gipsstatue des Kanal-Vordenkers anfertigen lassen.

er auch noch einen Kupfer-Pettenkofer. Weil das etwas teurer ist, müsse er sich das noch überlegen.

Tax kennt im schummrig ausgeleuchteten Kanalnetz jede Entlüftung, jede Treppenstufe – und gefühlt die Geschichte hinter jedem einzelnen Ziegelstein. Während der Führung weiß er auf jede Frage eine Antwort. Warum ist es an manchen Stellen an den Kanälen warm? An diese Kanäle sind Brauereien angeschlossen, deren Abwasser ist warm. Kann man sagen, wie viel Wasser täglich durch die Kanäle fließt? „Bei Trockenwetter rund 350 Millionen Liter." Bei Regenwetter könne die Menge indes um das 30-Fache ansteigen.

Auf die Frage nach Fundstücken in den Kanälen antwortet er: „Handys, Gebisse, Münzen, Eheringe." Und dann wird Tax, der eigentlich die ganze Zeit grinst und immer einen flotten Spruch auf Lager hat, etwas stiller. Einem Kollegen sei einmal ein Säugling an die Beine gespült worden. Er selbst habe nur einen toten Hund gesehen. Lebendige Tiere sind in der Münchner Unterwelt auch unterwegs: „Ich glaube fünf, sechs Mal sind mir Ratten begegnet", sagt Tax. Ob er das eklig fand? „Nein." Er grinst schelmisch, als er eine Plüsch-Ratte aus seiner Jackentasche zieht und sie allen vor die Nase hält.

Tax redet mittlerweile mit großem Stolz über seinen Job. Er hat eine dicke Broschüre über die Arbeit in Münchens Untergrund geschrieben. Und auch seine Frau schämt sich nicht mehr für den Beruf ihres Mannes. Die öffentliche Wahrnehmung habe sich verändert, sagt Tax. Keiner mache mehr Witze über den Müllfahrer, einen Straßenkehrer oder einen Kanalarbeiter. Richtig so, sagt Tax: „Die müssen auch geschätzt werden."

Bild rechts:
Ein Leben im Untergrund, Münchner Merkur, 21. November 201

Bild unten:
Es gibt tatsächlich noch einen Kaugummi-Automaten, in dem man für 10 Cent einen Kaugummi bekommt.

Am 2. März 2020 ist eine 4. Schulklasse der nahe gelegenen Fröttmaninger Schule bei einer Kanalführung dabei. Als wir am Ende aus dem Becken steigen und die Lehrerin sich bedankt und verabschiedet, hält mir ein Schüler ein 10-Cent-Stück entgegen. Auf meine Frage, womit ich das verdient hätte, sagt er: „Mir hat das gut gefallen und das ist für den Kaugummiautomaten." Der Bub hat also seinen Kaugummibedarf für mich geopfert. Gibt es denn noch Kaugummiautomaten? Bei aller Bescheidenheit herrschen doch strenge Regeln bei der Stadt. Eigentlich muss ein Trinkgeld strikt verweigert werden, aber dieses Mal kann ich bei bestem Willen, sogar mit einer kleinen Träne im Auge, nicht ablehnen. Anschließend begab ich mich in der nahen Umgenug auf die Suche nach dem Automaten und wurde in der Echinger Straße 12 fündig. Für 10 Cent gibt es eine Kaugummikugel

Verwandtschaft

Am 5. Dezember 2018 haben wir bei einer Kanalführung Besuch aus der Verwandtschaft von Max von Pettenkofer. Frau Gaigl mit Schwester, zwei Urenkelinnen von Pettenkofers Schwester begeben sich mit in den Untergrund. Einer ihrer Neffen arbeitet sogar derzeit beim Münchner Kanalbetrieb, und zwar derjenige, der so brav das Justus-von-Liebig-Denkmal schrubbt.

Eine weitere Besucherin einer vorherigen Kanalführung gibt sich ebenfalls als Nachfahrin von Pettenkofer zu erkennen und schickt mir anschließend einige Andenken aus ihrem Familiennachlass, u.a. einen Brief von König Ludwig II. an Pettenkofer:

„Mein lieber Rektor Dr. von Pettenkofer!
In wohlgefälliger Anerkennung der hervorragenden und verdienstvollen Tätigkeit, welche Sie seit einer Reihe von Jahren auf dem Gebiete der Wissenschaft und insbesondere auf dem Gebiete der öffentlichen Gesundheitspflege entfalten, habe Ich Mich bewogen gefunden, Ihnen unterm Heutigen den Titel und Rang eines Obermedizinalrathes tax- und stempelfrei zu verleihen.
Ich gebe Mir das Vergnügen, Sie hiervon persönlich mit dem Wunsche in Kenntnis zu setzen, daß Sie noch lange als Zierde des bayerischen Gelehrtenstandes wirken mögen. Mit wohlwollenden Gesinnungen

Ihr gnädiger König
Ludwig

München, den 4. Mai 1870"

Eigenlob

Eigenlob stinkt – und wenn es aus dem Kanal aufsteigt, dann stinkt es wohl um so mehr. Jedenfalls erschien am 13. Februar 2015 in der Süddeutschen Zeitung folgender Artikel: „Saubande dreckade!"

Beim Lesen dämmerte es mir ganz langsam, irgendwie kam ich ins Grübeln, und ich erkannte nach und nach die Formulierung meines eigenen Antwortschreibens wieder:

„Saubande, dreckade!"

VON HUBERT GRUNDNER

Wie der Buchbinder Wanninger ist sich wahrscheinlich jeder schon einmal vorgekommen. Das geht meist ganz schnell: Egal, wen man fragt – man wird so lange hingehalten, weitergeleitet, vertröstet, verärgert, bis man am Ende in Tränen ausbricht, einen Fluch ausstößt und „Saubande, dreckade!" ins Telefon schreit.

Mit dieser so knappen wie groben Formel beschreiben nicht wenige Bürger auch die Verantwortlichen in Verwaltung und Politik. Und wenn dann die Wut nicht gleich verraucht, sondern erst allmählich abkühlt und kondensiert, fließt sie nicht selten in Schreiben an einen Bezirksausschuss. Der wiederum verfügt nach ein paar Jahren über eine beeindruckende Sammlung von Anträgen und Anfragen, aus denen sich mühelos eine beeindruckende Kulturgeschichte des Beleidigens und Beleidigtseins schreiben ließe. Denn die nicht bewilligte Fußgängerampel oder das andererseits genehmigte Straßenfest sind nicht etwa durch dröge, aber leider verbindliche Vorschriften zu erklären. Nein, da ist sich der empörte Bürger gewiss, alle Männer und Frauen in den Amtstuben dieser Stadt sind generell desinteressiert, unfähig, wenn nicht gar böswillig.

Nun agieren Behördenvertreter ja manchmal tatsächlich so, als würden sie die Kolonisierung der Erde durch Aliens vorbereiten. Wen kümmern da schon die Beschwerden kleiner Erdlinge? In der Sprache des Technokraten antworten sie und vergessen dabei, dass ihr Gegenüber aus der Eisenbahnersiedlung X oder der Gartenstadt Y oft nur auf Verständnis hofft. Die Folge sind Kommunikationsprozesse, die immer öfter à la Wanninger – siehe oben – ausklingen.

Dabei ginge es auch anders, wie kürzlich ein Schreiben der Münchner Stadtentwässerung an eine Frau aus Obergiesing bewies: „Wie wir Sie bereits telefonisch informiert haben, wurde der klappernde Kanaldeckel Ecke Tegernseer Landstraße und Waltramstraße am 27. 11. 2014 wieder instandgesetzt. Wir hoffen, die Belästigungen sind damit beseitigt." Es kam aber noch besser: „Nochmals vielen Dank für den Hinweis, da wir ja nicht permanent alle Deckel unter Kontrolle haben können." Wer könnte das schon ernsthaft behaupten?

Münchner
Stadtentwässerung

[handschriftlich: 3 12. 11. b]

**Betrieb Kanal
Bezirk Nord**

Münchner Stadtentwässerung, Friedenstr. 40, 81671 München

Frau
Elisabeth Clara
Waltramstr. 4
81547 München

Ihnen schreibt:
Herr Benjamin Tax
Zimmer: 4.337
Friedenstr. 40
81671 München
Telefon: 089 233-62531
Telefax: 089 233-62505
benjamin.tax@muenchen.de

München, 09.12.2014

Lärmbelästigungen durch lose Kanaldeckel auf der Tegernseer Landstraße

Sehr geehrte Frau Clara,

wie wir Sie bereits telefonisch informiert haben, wurde der klappernde Deckel Ecke Tegernseer Landstraße und Waltramstraße am 27.11.2014 wieder instandgesetzt.

Wir hoffen, die Belästigungen sind damit beseitigt.

Nochmals vielen Dank für den Hinweis, da wir ja nicht permanent alle Deckel unter Kontrolle haben können.

Falls noch Fragen bestehen, können Sie sich jederzeit an mich wenden, Tel. 233/62531.

Mit freundlichen Grüßen

Benjamin Tax

II. Abdruck von I.
an das Baureferat – RG4
an den Bezirksausschuss 18
an das Direktorium HA II/V 2 – G Ost
an MSE-2.WL/Ass.
mit der Bitte um Kenntnisnahme.

III. z.A. bei MSE-311 B 12.11. b

 Ein zertifizierter
Umweltschutzbetrieb
der Stadt München

HypoVereinsbank
Konto 665 878 040
BLZ 700 202 70
BIC HYVEDEMMXXX
IBAN DE56 7002 0270
0665 8780 40

Sie erreichen uns:
Ostbahnhof: S1 - S8, U5
Haidenauplatz: Tram 19, Bus 54, 100,
Ampfingstraße: Tram 19, N19, Bus 144

Wir sind für Sie da:
Servicetelefon: +49 89 233-96211
service.mse@muenchen.de
www.muenchen.de/mse

Ratten

Bild oben:
Besucherführung im Kanal
Klugstraße
Bild unten:
Videoaufnahme im Kanal unter
der Einsteinstraße

Bestimmt halten sich in jedem Kanalnetz Ratten auf. Der Kanal dient ihnen als Versteck und als Tischlein-deck-dich. Kurz nach der Jahrtausendwende kam der Bayerische Rundfunk auf die Stadtentwässerung zu, weil dort eine Sendung „Wildtiere in der Großstadt" geplant war.

Anlass war ein Dachs, übrigens mein Namensgeber, und dessen Bau am Deutschen Museum. Zu diesen städtischen Wildtieren gehören auch die Kanalratten und die Redakteurin wollte im Kanal dort hingeführt werden, wo Ratten anzutreffen sind. Mit etwas Mühe konnte ich ihr erklären, dass die Ratten nicht auf uns warten, sondern sofort verschwunden sind. Sie wollte daher unten in Deckung gehen und auf die Ratten warten. Auch das musste ich ihr ausreden. Ich dachte, jetzt ist Ruhe, aber nach ein paar Tagen meldete sie sich wieder und gab an, statt dessen ihre eigene Ratte mitzubringen, um mit ihr unten im Kanal zu filmen. Ich ließ mich darauf ein und die Redakteurin kam mit einem Käfig, der zwei Ratten enthielt und sogar mit einer Dompteurin für die Ratten. Im Kanal in der Ungererstraße wurden die Ratten laufen-gelassen, das Filmteam hatte seine Aufnahmen. Anschließend piepste die Rattenfängerin mit einer Pfeife und die Ratten verschwanden wieder brav in ihrem Käfig. Nachdem der Beitrag gesendet wurde, kam mein Chef auf mich zu, um zu erfahren wie das denn mit dieser Rattenverfilmung zustande kam.

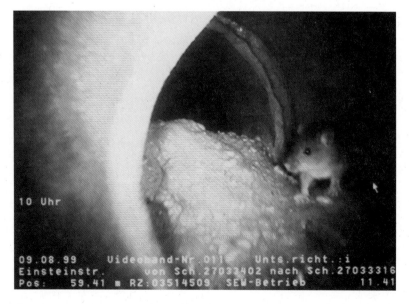

10 Uhr

09.08.99 Videoband-Nr.011 Unts.richt.:i
Einsteinstr. von Sch.27033402 nach Sch.27033316
Pos: 59.41 m RZ:03514509 SEW-Betrieb   11.41

Leichtsinnig erzählte ich von den Fremdratten und fand das eigentlich ganz passend. Der Anschiss folgte auf der Stelle: „Wir bei der Entwässerung behaupten felsenfest, dass sich im Kanal nur selten Ratten aufhalten, und du bringst fremde Ratten mit runter und lässt sie auch noch filmen, blöder kann man gar nicht sein." Diese Lektion habe ich runtergeschluckt und war bedient.

Aufgrund des guten natürlichen Gefälles in München von Süd nach Nord, mit ca. 95 Metern Höhenunterschied, und dem Mischsystem, das Abwasser gemeinsam mit Regenwasser abtransportiert, werden die Inhalte gut weitergespült. Bei Starkregen können die Kanäle auch mal komplett gefüllt sein. Dadurch wird die Ratte sowieso eher abgeschreckt. Ein kleiner wertvoller Hinweis: Jeder kann mithelfen, die Ratten fernzuhalten, indem keine Essensreste in den Ausguss gespült werden. Wir erkennen das Auftreten von Ratten üblicherweise an den Kotresten auf den Kanalpodesten und legen bei Bedarf Giftköder aus.

Ehemalige Kanalarbeiter können noch von wesentlich häufigeren Begegnungen mit den ungeliebten Nagern erzählen. Nach dem Krieg waren die Anschlussleitungen der zerstörten Häuser wunderbare Verstecke für Ratten. Manche berichteten von regelrechten Schlachten im Untergrund. Die Ratten sprangen die Kanaler sogar an, sie mussten sie mit der Schaufel abwehren und erschlagen. Mit dem Wiederaufbau der Stadt verzog sich auch allmählich die Rattenplage.

Um 2012 lief bei einer Führung eine Ratte im Kanal der Klugstraße mitten durch die Besucher. Die Gäste sind hochgeschreckt, haben dann aber gelacht. „Das haben Sie organisiert", meinten sie in meine Richtung. Meine Reaktion: „So weit sind wir leider noch nicht, dass wir die Ratten dirigieren können", erwiderte ich. Seit dieser Episode habe ich bei den Kanalführungen meistens eine Stoffratte als Begleiter bei mir, und wenn die Frage nach Ratten im Kanal kommt, zieh ich mein Plüschtier aus der Tasche, wie hier zu sehen im Kanal der Klugstraße. Ein kleiner Überraschungseffekt deutet sich gelegentlich an.

Fett

Fettklumpen aus dem
Londoner Kanalnetz
im Museum of London,
unten ein Foto des Kanals

Bei Führungen taucht immer wieder das Thema
Fett auf, vor allem nachdem im Herbst 2017 im
Londoner Kanalnetz ein monströser Fettberg zum
Vorschein kam und in der Presse als noch nie
dagewesenes Ereignis hohe Wellen schlug.
Dieser Londoner Koloss aus Kochfettrückständen,
gemixt mit sanitären Abfällen, hatte eine Länge
von 250 Metern und wog angeblich 130 Tonnen.
Aus meiner Erfahrung dauert es einige Jahre,
bis sich ein derartiges Gebilde zusammenbappt.
Das „Museum of London" hat sich einen Brocken
dieses „Modernen Monsters" in seine Ausstellung
einverleibt, und der Klumpen brachte es bis zu
der Bezeichnung „Kulturgut aus der Kanalisation".
Mit der Fetterfahrung von einem Joseph Beuys
mit seinen Fettinstallationen aus dem Jahr 1963
lässt sich diese Definition als Kunst leicht nach-
vollziehen.

Dieser, aus Münchner Sicht, englische Fettbrösel, wurde schnell eingeglast, denn der Geruch war mehr als unerträglich. Leider reichte mein Weitblick vor 35 Jahren noch nicht aus, um eine derartige Idee auch bei uns umzusetzen, nämlich einen Zipfel unserer Münchner Fettwurst ins Deutsche Museum aufnehmen zu lassen. Mitte der 1980er-Jahre hatten wir am Frankfurter Ring in einem noch größeren Kanal exakt dieselbe Erscheinung. Unser im Kanal festgewachsener Fettbatzen war 150 m lang und 1,5 m hoch, an Menge und Volumen wesentlich gewaltiger als das Londoner Klümpchen. In diesem großen Kanal lief wegen Bauarbeiten über einen Zeitraum von zwei Jahren nur wenig Wasser, und so konnte sich dieser Fettklops nach und nach zusammenklumpen. Eine nahegelegene Firma, die Seifen, Öle und Fette herstellte, tat mit ihren Einleitungen ein Übriges. Der Arbeitsaufwand, um dieses Gebilde zu bändigen, lässt sich gar nicht beschreiben.

Aus heutiger Sicht hätte ich damals einen großen Würfel herausschneiden sollen, dann in Glas einhausen und im Museum ausstellen lassen sollen, so wie das Londoner Exemplar oder wie 1882 Gassners Schlange in Aspik.

Apropos Museum, im Jahr 2000 reifte bei der Münchner Stadtentwässerung der Gedanke, in der Ungererstraße ein Kanalmuseum einzurichten. Schon damals schwebte mir vor, in Rente als Museumswärter weiterhin noch mit einem Bein buchstäblich in der Scheiße zu stehen. Die Sache liegt seitdem zwar auf Eis, aber wer weiß, wie sich die Uhren weiterdrehen, denn genug Substanz für ein Museumsinventar ist allemal vorhanden. Ich bin inzwischen in Rente und hätte noch Zeit übrig.

Mit einem kleinen Zahlenspiel finden die Führungen ihren Ausklang:
Seit gut 20 Jahren begleite ich Besucher in den Münchner Untergrund. Bei 120 Führungen im Jahr sind das 2.400 Führungen bisher. Im Durchschnitt erscheinen 15 Teilnehmer pro Kanalführung. Das ergäbe ca. 36.000 Besucher in diesen 20 Jahren. Für mich bedeutet das, dass ich zusammengerechnet 100 Tage rund um die Uhr in der unterirdischen Kanalgruft verbracht habe, Prost Mahlzeit!

Abwasserkanal unter dem Frankfurter Ring, Mitte der 1980er Jahre. Über einen längeren Zeitraum haben sich Fette eines Herstellers von Seifen, Ölen und Fetten abgelagert.

Die Broschüre „Im Untergrund von München – Die Kanaler einer Großstadt erzählen" wurde 2001 vom Baureferat/ Stadtentwässerungswerke herausgegeben.

Das Miniaturdenkmal

Über zwei Jahre schon kreiste in meinem Kopf die Idee, ob es nicht möglich wäre, das fünf Meter hohe Pettenkoferdenkmal am Maximiliansplatz auch als kleine Figur in den Händen zu halten. Im Alltag traten diese Gedanken immer wieder in den Hintergrund und so verzögerte sich auch meine Initiative.

Die Münchner Stadtentwässerung, MSE, verteilt bei Veranstaltungen und Kanalführungen gelegentlich kleine Gegenstände wie Gummienten oder -frösche, Wasserbälle, Bleistifte, Kugelschreiber, Schlüsselanhänger, Kappen, Luftballons, Broschüren etc. Leider sind noch nie z. B. Ratten, Fliegen, Würmer, Fische, Schaufeln, Besen, Handschuhe oder eben eine Pettenkofer-miniatur dabei gewesen.

Die Stadt München und die MSE organisierten zu Pettenkofers 200. Geburtstages am 3. Dezember 2018 einige Veranstaltungen und meine Vorstellung war, bei diesen Gelegenheiten diese Pettenkoferfigur zu präsentieren. Aber, wie so oft, konkret wurde ich viel zu spät. Zuerst fragte ich das Pettenkofer-Institut, das Denkmalamt und das Baureferat, ob es ein Modell vom Denkmal gibt. Von allen kam als Nachricht ein klares Nein.

Auf der Suche nach einer Firma, die 3-D-Figuren herstellt, war es schon fast November 2018 geworden. Die Firma „Youlittle" erwies sich als kongenialer Partner. Dann erfuhr ich, dass das Denkmal zum Schutz über den Winter mit Holz verschalt wird. Nach einigem Herumtelefonieren im Baureferat bekam ich am Freitag, dem 2. November 2018, die Meldung, dass am kommenden Dienstagnachmittag eingeschalt wird. Mit der 3-D-Firma wurde ein Fototermin vereinbart, um das Denkmal aufzunehmen – für Dienstagmittag, trotz der extrem kurzen Vorbereitungszeit. Die Dauer für die Fotosession, hieß es, beläuft sich auf voraussichtlich drei Stunden. Eine benötigte vier Meter hohe Staffelei wollte ich mitbringen.

Dann bekam ich Montag früh, den 5. November, vom Baureferat den Anruf, dass schon heute Nachmittag eingeschalt wird. Ein Verschieben war nicht möglich, da die Einschal-Firma im Akkord arbeitet. Also blieb mir nichts anderes übrig, als mich sofort an „Youlittle" zu wenden und alle Überredungskünste aufzuwenden. Nach einigem Hin und Her trafen wir uns tatsächlich noch am selben Tag um 11 Uhr am Pettenkofer-Denkmal. Meine Kanalerkollegen brachten die Leiter vorbei und sofort starteten die Fotoaufnahmen.

Zentimeterweise verrückten wir die Leiter um das Denkmal herum und auf allen Positionen gab's eine Aufnahme. Zufällig stand ein fahrbares Gerüst, vier Meter hoch, von der Einschalfirma, gleich daneben. Die war gerade dabei, den Wittelsbacher-brunnen, der sich gleich hinter dem Pettenkofer-denkmal befindet, mit Holz zu verkleiden. Auf Nachfrage durften wir uns das Gestell ausleihen. Mit den Kanalern halfen wir beim Leiterrücken und Gerüstverschieben. So entstanden die etwa 300 benötigten Fotoaufnahmen, sogar noch etwas schneller als geplant.

Pettenkofer-Denkmal am Maximiliansplatz mit dem hölzernen Winterschutz

Ausformungen des im Original
5 m hohen Pettenkofer-Denkmals in verschiedenen Größen
und Materialien

Um 14.30 Uhr war unsere Fotoaktion beendet und
der Einschaltrupp war schon unterwegs zu uns.
Bereits um 17 Uhr war unser Pettenkofer für den
Winterschlaf im Holzpyjama eingekleidet.

Wir hatten die Fotos und für die Burschen der
3-D-Firma begann das Tüfteln am Computer zum
Erstellen der Druckvorlage. Für das Ergebnis der
Computeransicht wurde ich schon zwei Tage
später verständigt und besichtigte sofort. Nach
weiterer Verfeinerung konnte ich am 9. November
die Modelle in verschiedenen Ausführungen
bestellen: 15 cm groß in Gips, 10 cm in Kunststoff
und 5 cm in Edelstahl. Am 13. November mittags
nahm ich die 15 cm hohe Pettenkoferfigur noch
warm und feucht in Empfang. Die Ausführungen
in Kunststoff und Edelstahl wurden Anfang
Dezember fertig.

So habe ich jetzt bei den Kanalführungen einen
Mini-Pettenkofer in der Tasche, der bewundert
werden kann, und am meisten freue ich mich ja
selbst über die Figur.

Während der ersten Führung nach der Fertigstellung am 14. November 2018 für den Münchner
Presseclub, konnte ich mit meinem neuen Kleinen
glänzen. Auch das Foto hier entstand bei dieser
Gelegenheit.

Ich fand noch immer keine innere Ruhe, es brodelte
in mir, ich hatte die Vorstellung meinen kleinen
Pettenkofer als Bronzestatue anfertigen zu lassen.
Also bastelte mir die 3-D-Firma nochmal ein
Modell mit 17 cm Höhe. Damit begab ich mich in
die Metallgießerei in der Schleißheimerstraße.
Drei Wochen später war die Figur fertig. Noch ein
Sockel vom Steinmetz drunter geschraubt und
mein Pettenkofer-Denkmal war mustergültig
vollendet, ganz nach meiner Vorstellung.

Heutzutage bräuchte Pettenkofer bestimmt getönte Augengläser, um von dem Klimakollaps, der Stadtluft, den verseuchten, überdüngten Böden und den vermüllten Meeren nicht so arg geblendet zu werden. Ganz zu schweigen von der weltweiten Corona-Krise. In Zukunft dürfte wohl der Kampf ums Wasser noch zu besonders heftigen Auseinandersetzungen führen . Es ist leicht vorstellbar, dass der Ruf nach einem alten oder neuen Pettenkofer immer lauter und unüberhörbarer wird. Vielleicht überlegt er sich's und Pettenkofer beendet seine Erdkur und taucht irgendwo auf, um uns Zuversicht zu versprechen. Der gesamten Menschheit kann man's nur wünschen. Zum jetzigen Zeitpunkt ist ein Pettenkofer jedenfalls weit und breit nicht in Sicht, zumindest hält er sich im Verborgenen. Denn den Köpfen, die heute laut mitreden, kann man leider eine Lösung unserer Umweltprobleme nicht umfassend zutrauen.

Bild oben:
Pettenkoferparade

Bild unten:
Der Autor mit einer Ausformung des Denkmals als Gipsmodell

Zeittafel

König Max I. Joseph
1756–1825
Regierungszeit: 1806–1825

König Ludwig I.
1786–1868
Regierungszeit: 1825–1848

König Maximilian II.
1811–1864
Regierungszeit: 1848–1864

1818
3. Dezember: Geburt von Max Pettenkofer als fünftes von acht Kindern in
Lichtenheim bei Neuburg an der Donau

1827
Pettenkofer kommt nach München zu
seinem Onkel Franz Xaver Pettenkofer
in die Hofapotheke in der Residenz

1836
Ausbruch der Cholera in München

1837
Abitur am Wilhelmsgymnasium,
Tod der Mutter Barbara

1839
Lehrling in der Hofapotheke

1840
Schauspieler unter dem Namen Tenkof
(Pet-tenkof-er)

1841
Rückkehr in die Hofapotheke

1843
Approbation Pharmazie, Dr. med.
Chirurgie und Geburtshilfe

1844
Assistent im Labor von Justus von Liebig
in Gießen
Tod des Vaters Johann Baptist

1845
Assistent am Hauptmünzamt,
Heirat mit Kusine Helene, fünf Kinder

1847
Professor für med. Chemie an der LMU,
Untersuchungen zur Herstellung von Ze-
ment, Holzgasentwicklung als Leuchtstoff

1849
Mitglied des Obermedizinalausschusses

1850
Nachfolger seines Onkels als Hofapothe-
ker, Votum von König Ludwig I.,
Mitglied im Deutschen Chemischen
Verband

1851
Justus von Liebig kommt nach München

1854
Erste Untersuchungen zur Cholera,
Pettenkofer erkrankt an der Cholera

1858
Beginn der systematischen Kanalisation

1861
Restaurieren von Gemälden

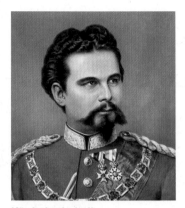

König Ludwig II.
1845–1886
Regierungszeit: 1864–1886

Prinzregent Luitpold
1821–1912
Regierungszeit: 1886–1912

1865
Rektor der Münchner Universität,
ernannt von König Ludwig II.
Verdienstorden der bayerischen Krone,
Ritterkreuzorden, der ihm erlaubte,
das Adelsprädikat „von" zu tragen

1865
Hygiene wird Prüfungsfach im Medizinstudium

1869
Tod des ältesten Sohns, Franz Xaver

1872
Berufung nach Wien,
Ehrenbürger von München,
Zusage für ein eigenes Institut

1873
Ausbruch der Cholera in München,
18. März: Tod von Justus von Liebig

1874
Baubeginn der Wasserleitung aus dem
Mangfalltal, abgeschlossen bis 1883

1877
Erste Rieselfelder in Berlin

1878
Eröffnung des Zentralen Vieh- und
Schlachthofs,
Plan für Rieselfelder in München (Klärwerk)

1879
Einweihung des Hygienischen Instituts

1881
Tod von Pettenkofers Sohn Max

1882
Tod von Pettenkofers Tochter Anna

1883
Königlich geheimer Rat als erblicher Adel,
Hygiene wird Prüfungsfach in ganz
Deutschland,
Fertigstellung der Mangfallquellleitung

1884
Robert Koch entdeckt den Cholerabazillus

1888
70. Geburtstag,
Pettenkofer-Stiftung

1890
Präsident der Akademie der Bayerischen
Wissenschaften (bis 1899),
Tod von Pettenkofers Frau Helene
Einstimmiger Magistratsbeschluss zur
Einführung der Schwemmkanalisation,
Anschluss der Toiletten an die Kanalisation

1892
Selbstversuch mit Cholerabazillen

1893
Goldene Bürgermedaille,
50-jähriges Jubiläum als Arzt

1896
Ernennung zur Exzellenz,
Ruhestand als Hofapotheker

1899
Einrichtung des Pettenkofer-Brunnens
an der Alten Akademie,
Goldene Medaille als Arzt des Vereins
deutscher Chemiker

1901
10. Februar: Tod von Max von Pettenkofer

1909
Einweihung des Pettenkofer-Denkmals
am Maximiliansplatz

Berühmtheiten im Alten Südlichen Friedhof

Liebig,
Justus Freiherr von,
Dr., 1803 Darmstadt
–1873, Chemiker,
Universitätspro-
fessor. Bedeutende
Forschungen auf
dem Gebiet der
Landwirtschaft.
Begründer der
organischen Chemie
40-12-11

Gassner,
Johann Baptist
1841–1890,
Besitzer eines
Unterhaltungs-
etablissements,
(Münchner Aqua-
rium) am Färbergra-
ben. 1881 eröffnet,
musste das Aqua-
rium 1883 wegen
einer entlaufenen
giftigen Brillen-
schlange schließen
31-1-12

Pettenkofer,
Max von, Dr. med.,
1818 Lichtenheim
–1901, Hygieniker,
Obermedizinalrat,
Prof. Begründer der
Hygienik.
Er gab den Anstoß
zur Assanierung der
Stadt, zum Ausbau
der Kanalisation
und zur Anlage
einer neuen Trink-
wasserversorgung.
Ehrenbürger der
Stadt München
31-1-34

Klenze,
Franz Karl Leo
Ritter von, 1784
Bockenem–1864,
Architekt, Hofbau-
intendant, Oberbau-
rat und Vorstand
der Obersten
Baubehörde.
Werke u.a. Königs-
platz, Glyptothek,
Odeonsplatz,
Königsbau und
Festsaalbau der
Residenz,
Alte Pinakothek
NA 171

Kobell,
Wilhelm von, 1766
Mannheim–1855,
Landschaftsmaler,
Radierer und Aka-
demieprofessor
23-13-20

Kaulbach,
Wilhelm von,
1805 Arolsen/
Hessen–1878,
Historienmaler und
Akademieprofessor
ML 280

Effner,
Carl Joseph von,
1831 M.–1884,
Hofgartendirektor,
Gestaltung der
Maximilians- und
Gasteiganlagen,
Gartenanlagen in
Feldafing. Entwürfe
für die Gärten der
Schlösser von
König Ludwig II.
Herrenchiemsee
und Linderhof
13-1-34

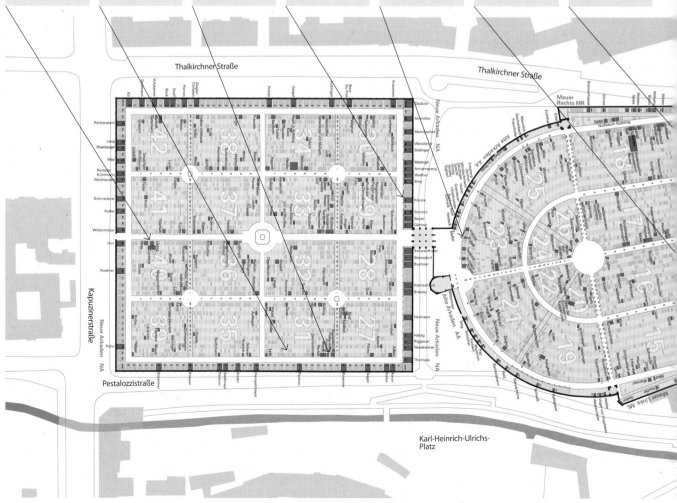

Pettenkofer,
Franz Xaver,
1783 Lichtenheim
–1850, kgl. Hof- und
Leibapotheker.
12-

Kobell,
Luise von, verheir.
Eisenhart, 1828 M.
–1901, Schriftstel-
lerin, Tochter des
Mineralogen und
Mundartdichters
Franz von Kobell,
verheiratet mit
August von Eisen-
hart, dem Kabinett-
sekretär von König
Ludwig II.
11-12-17

Kobell,
Franz Ritter von,
1803 M.–1882,
Mineraloge, Univer-
sitätsprofessor und
Mundartdichter
(Brandner Kaspar)
MR 216

Lindwurm,
Josef von, Dr. med.
1824 Würzburg
–1874, Pathologe,
Universitätsprofes-
sor und Direktor
des städtischen
Krankenhauses
Links der Isar in
München
5-1-38

Spitzweg,
Carl, 1808 M.–1885,
Apothekerprovisor
und bekanntester
Genremaler der
Biedermeierzeit
5-17-10

Miller,
Ferdinand, Ritter
von, 1813 Fürsten-
feldbruck–1887,
Besitzer der kgl.
Erzgießerei in
München, in der
bedeutende Groß-
plastiken herge-
stellt wurden, u.a.
die Bavaria auf der
Theresienhöhe. Eh-
renbürger der Stadt
München
MR 79/80

Zenetti,
Arnold Ritter von
1824 Speyer–1891,
Stadtbaurat.
Große Verdienste
um die Sanierung
Münchens, Kana-
lisierung. Werke
u.a.: Militärlazarett,
Schlacht- und Vieh-
hof, Nördl. Friedhof,
Schulbauten, Hotel
Imperial in Wien.
Mitbegründer und
Chef der Freiwilli-
gen Feuerwehr
4-11-1

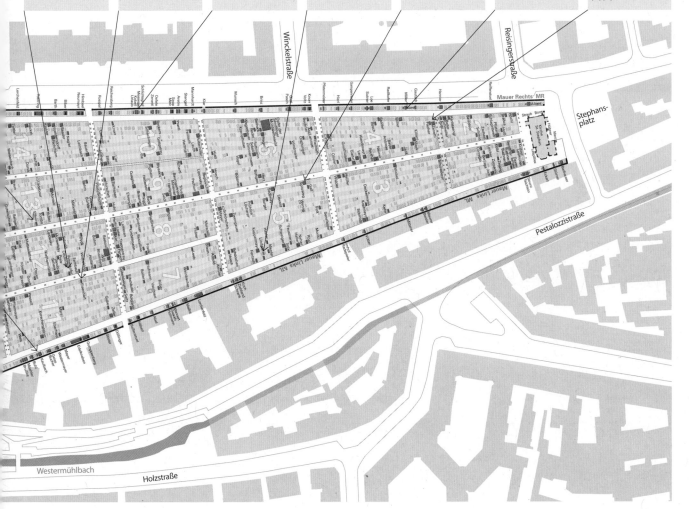

Glossar

Äquivalenzzahl
Anzahl der bei einer elektrochemischen
Reaktion ausgetauschten Elektronen

Ätiologie
Ursache von den Krankheiten,
Lehre von den Ursachen

Affektivität
Gefühls- und Gemütsleben, Emotionen,
Stimmungen, Affekte gefühlsbetont,
Komplexe

allegorisieren
gleichnishaft, sinnbildlich darstellen,
verdeutlichen

Alma mater
Universität, Hochschule, Bildung und
Wissen

Amalgam
Legierung eines Metalls mit Quecksilber

Anatom
Lehrer, Forscher auf dem Gebiet
der Anatomie

Approbation
staatliche Zulassung zur Berufs-
ausübung in Heilberufen

Arsen
Halbmetall, kommt als Spurenelement
im Körper vor

Arthritis
Gelenkentzündung

Beef Tea
„Rindertee", Bezeichnung für Rinderbrühe

behufs
zwecks, wegen

besternt
gehoben, besondere Qualität,
mit Sternen versehen, ausgezeichnet

**British Association for the
Advancement of Science**
Organisation zur Förderung der
Wissenschaften

Cholera
Infektionskrankheit mit häufig lebens-
gefährlichen Flüssigkeitsverlusten

Choleravibrionen
Bakterium, das Durchfallerkrankung
auslöst

Convenienz
Eigennutz, Vorteilhaftigkeit,
Bequemlichkeit

cum nota eminentiae
mit außerordentlicher Benotung

Dezennien
Jahrzehnte

Diätetik
Sammelbegriff für alle Maßnahmen im
Sinne einer geregelten Lebensweise,
die zur körperlichen und auch seelischen
Grunderhaltung oder Heilung beitragen

Empirie
Methode, die sich auf wissenschaftliche
Erfahrung stützt, um Erkenntnisse zu
gewinnen

Erdkur
Wortfindung von Helmut Qualtinger
für die letzte Ruhe

Essay
Schrift, Abhandlung, Ausführung,
Aufsatz

Etablissement
Unternehmen, Geschäft, Betrieb

Extraordinariat
Lehrstuhl eines außerordentlichen
Professors

Extraktum
Konzentrat

Exzellenz
Hoheit, Euer Ehren, Majestät

fatiguieren
ermüden, auslaugen

fiat experimentum in corpore vili
lass das Experiment geschehen am
wertlosen Körper

Furage
Verpflegung für die Truppe

Glykosurie
Zuckerkrankheit

Gschaftlhuber, Gschaftler
Wichtigtuer, Sprücheklopfer,
Windmacher

Hämatinon
kupferhaltige rote Glasmasse

Harzfirnis
Harzlösung aus dem Pistazienbaum

Herzogstand
Berg in Oberbayern

Honoratior
berühmte Persönlichkeit, Ehrenbürger

Hygiene
Gesundheitslehre

Intestinaltrakt
Verdauungstrakt, Magen-Darm-Trakt

irisierend
in Regenbogenfarben schillernd,
je nach Perspektive

Irritabilität
Reizbarkeit, Empfindlichkeit,
Erregbarkeit

Kaliumpermanganat
Oxidationsmittel, Pulver

Kasan
Hauptstadt der Republik Tatarstan
in Russland

Kausalität
Veranlassung, Zusammenhang,
Wirkung, Ursache

Kerschgeist
Kirschschnaps

Kommabazillen
Erreger der Cholera

kongenial
geistig oder künstlerisch
dem hohen Niveau angemessen

Konstitution
Körperbau, körperliche Verfassung

Kopaivabalsam
Harz aus tropischen Bäumen, ölig, seifig

Kreatinin
Stoffwechselprodukt im Muskelgewebe, wird über die Niere mit dem Urin ausgeschieden

kurativ
heilende Behandlung, medikamentös

Makania Guaco
Heilpflanze, Rauschmittel aus Mexiko

Maulaffe
Gaffer, untätig Herumstehender

Mautner
Zöllner, erheben Steuern und Wegezölle (meist unbeliebt)

Meat Juice
„Fleischsaft", Rinderbrühe

Metapher
Verbildlichung, bildhafter Ausdruck

Miasma
Verunreinigung, krankheitsverursachende Materie, z. B. giftige Ausdünstungen des Bodens

Moh
Mann, Person männlichen Geschlechts

Nationalökonomie
Volkswirtschaftslehre

Offiziant
Beamter, Amtsträger im Staatsdienst

Ordinariat
Amt eines Professors an einer wissenschaftlichen Hochschule

Oxo Buljong
Ochsensuppe, niederländisch

pathologisch
krankhafte Veränderung des Gewebes

Pepton
Nährlösung

Philologie
Erforschung von historischen Texten, Literaturwissenschaften

Physiologie
Wissenschaft von den Funktionen und Abläufen im (menschlichen, tierischen oder pflanzlichen) Organismus

Rector magnificus
Rektor der Hochschule, der erhabene Leiter

Reibach
hoher Gewinn bei einem Geschäft

Reherl
Pfifferling, Eierschwammerl

Reliquie
Gegenstand kultischer Verehrung, Überbleibsel aus persönlichem Besitz

Reminiszenz
Erinnerung, Rückblick, Retrospektive

Respirationsapparat
Gesamtheit der äußeren und inneren Atmungsorgane, Beatmungsgerät, Lebensmessraum, Lebensprüfgerät

Schwefelammonium
u.a. Düngemittelzusatz, raffinierter Schwefel

Schwemmkanalisation
Sammeln und ableiten von Abwasser und Regenwasser in einem Kanal

Seeshaupt
Ortschaft am Südüfer des Starnberger Sees

Silbernitrat
Salz der Salpetersäure

sozialdarwinistisch
Die Theorie der Auslese sei vollständig in sozialer, ökonomischer und moralischer Hinsicht anwendbar und maßgeblich für die menschliche Entwicklung, gute Erbanlagen sollen gefördert, schlechte ausgelöscht werden.

Spektabilität
Vorstand einer Universität

Sprillen
Bakterien

summa cum laude
bestes Prädikat bei der Doktorprüfung, Zensur hervorragend

tax
englisch: Steuer

Triade
eine Reihe von drei ähnlichen Elementen

Vibrio
Bakterium, Erreger der Cholera

virulent
infektiös, ansteckend, giftig

Vulnerabilität
Verletzbarkeit, Verwundbarkeit, Verletzlichkeit

Wouverman, Philips
holländischer Maler des 17. Jahrhunderts

Zerebralsklerose
krankhafte Organverhärtung, Durchblutungsstörung des Gehirns

Zyankali
Kaliumsalz der Blausäure, gern verwendetes Gift

Anmerkungen

1 Karl Wieninger, Max von Pettenkofer, Das Leben eines Wohltäters. München 1987

2 ebenda S. 26

3 ebenda S. 26–27

4 ebenda S. 27–28

5 ebenda S. 28

6 ebenda S. 29

7 ebenda S. 29

8 ebenda S. 50–51

9 Max von Gruber, Nachruf auf M.J. Pettenkofer. Berlin 1903, in: Berichte der deutschen chemischen Gesellschaft, Jg. 36, S. 4512–4572

10 Asta Scheib, Sonntag in meinem Herzen – das Leben des Malers Carl Spitzweg. Hamburg 2013, Kap. 9, S. 3

11 Harald Breyer, Max von Pettenkofer. Leipzig 1980

12 Martin Weyer von Schoultz, Max Pettenkofer. Frankfurt a. M. 2006, S. 23

13 ebenda S. 24

14 Max von Pettenkofer, Über Mikania Guaco. München 1844

15 Max von Gruber, Nachruf auf M.J. Pettenkofer. Berlin 1903, in: Berichte der Deutschen Chemischen Gesellschaft, Jg. 36, S. 4519

16 Renate Wittern-Sterzel, München leuchtet für die Wissenschaft. München 2006, S. 5

17 Max von Pettenkofer

18 Wieninger, S. 80–81

19 Weyer von Schoultz, S. 51

20 Wieninger, S. 85

21 Wieninger, S. 84

22 Weyer von Schoultz, S. 254

23 Max von Pettenkofer, Über einen antiken rothen Glasfluß und über das Aventurin-Glas, Stuttgart 1857

24 Wieninger, S. 93

25 ebenda S. 97

26 Karl Kißkalt, Max von Pettenkofer. Stuttgart 1948 (Große Naturforscher, Bd. 4)

27 Max von Pettenkofer, Beziehungen der Luft zu Kleidung, Wohnung und Boden. Braunschweig 1872, S. 39

28 ebenda, S. 117ff.

29 Harald Breyer, Max von Pettenkofer. Leipzig 1980, S. 126

30 Gruber, S. 4515

31 Gruber, S. 4558

32 Wieninger, S. 24

33 Weyer von Schoultz, S. 119

34 Max von Pettenkofer, Gutachten über die Verlegung des katholischen Gottesackers in Augsburg. Augsburg 1864

35 Wieninger, S. 127

36 Max von Pettenkofer, Über Ölfarbe und Konservierung der Gemälde-galerien. Braunschweig 1902, S. 16ff.

37 Franz von Kobell, Zur Stiftungsfeier der Ludwig-Maximilians-Universität. München 1865

38 Schrader, Herbert L., Hofapotheker Pettenkofer. Murnau [u. a.] 1959, S. 2–4

39 Schrader, S. 10–14

40 Alfred Beyer, Max von Pettenkofer. Berlin 1956, S. 49

41 Breyer, S. 163

42 ebenda, S. 109

43 Max von Pettenkofer, Gedicht. München 1872, zitiert nach Harald Breyer, S. 126

44 Wieninger, S. 169

45 Max von Pettenkofer, Über den hydraulischen Kalk, Stuttgart 1849

46 Kißkalt, S. 71

47 Max von Pettenkofer, Über Nahrungsmittel. Stuttgart 1873

48 Weyer von Schoultz, S. 136

49 Kißkalt, S. 107

50 Schrader, S. 29

51 Wittern-Sterzel, S. 15

52 Werner Bergengrün, Schreibtisch-erinnerungen. München 1961

53 Julius Quaglio, Max von Pettenkofer. Berlin 1900, S. 16

41 Kißkalt, S. 127

55 Wilhelm von Borscht, Grabrede für Max von Pettenkofer. München 1901

56 Georg Friedrich Knapp, Rede anlässlich der Tagung des Vereins für Sozialpolitik. München 1901

57 Hermann Lingg, Ausgewählte Gedichte hrsg. von Paul Heyse. Stuttgart 1905

58 Gruber, S. 4542–4543

59 Gruber, S. 4562

60 Hans Buchner, Max v. Pettenkofer. München 1901, S. 4

61 Wieninger, S. 198

62 Gesellschaft für Hygiene und Umweltmedizin, Pressemitteilung. Bonn 10.02.2001

Literatur

Bergengruen, Werner
Schreibtischerinnerungen,
München 1961

Beyer, Alfred
Max von Pettenkofer, VEB Verlag Volk
und Gesundheit, Berlin, 1956

Breyer, Harald
Max von Pettenkofer. Arzt im Vorfeld der
Krankheit, S. Hirzel Verlag, Leipzig, 1981

Buchner, Hans
Max von Pettenkofer. München,
Druckerei der Allgemeinen Zeitung, 1901

Distl, Carola u. Rolf Selbmann
Naturwissenschaft aus dem Geist der
Poesie, 2001

Gesellschaft für Hygiene und Umwelt-
medizin (GHU)
Zum 100. Todestag Max von Pettenkofer,
Universität Bonn 10.02.2001,
Pressemitteilung

Gruber, Max von
Max von Pettenkofer, Nachruf 1903

Jens, Inge
Am Schreibtisch: Thomas Mann und
seine Welt, Rowohlt Buchverlag, 2013

Kisskalt, Karl
Große Naturforscher, Band 4,
Max von Pettenkofer, 1948

Kobell, Franz von
Zur Stiftungsfeier der Ludwig-Maximilians-Universität 1865, München

Locher, Wolfgang G.
Max von Pettenkofer, Pionier der wissen-
schaftlichen Hygiene, Verlag Friedrich
Pustet, Regensburg, 2018

Pettenkofer, Max von
Gutachten über die Verlegung des katholischen Gottesackers in Augsburg, 1864

Pettenkofer, Max von
Populäre Vorträge, 3. Heft, Ansprache zum
Gedächtnis J. v. Liebig, 28. März 1874

Pettenkofer, Max von
Über den hydraulischen Kalk. Stuttgart
1849 in: Dinglers Polytechnisches Journal, Bd. 113, Nr. LXXIX, S. 357–371

Pettenkofer, Max von
Über einen antiken rothen Glasfluß und
über das Aventurin-Glas, Stuttgart 1857,
in: Dinglers Polytechnisches Journal
1857, Bd. 145, Nr. XXXIII, S. 122–134

Pettenkofer, Max von
Über Ölfarbe und Conservierung der
Gemäldegalerien durch das Regenerationsverfahren, 2. Aufl. Braunschweig
1902

Pharmazeutische Zeitung Nr. 37
13. September 2001, 146. Jahrgang

Quaglio, Julius
Max von Pettenkofer zur Atom-Theorie,
Studie von 1900, Berlin

Scheib, Asta
Sonntag in meinem Herzen –
Das Leben des Malers Carl Spitzweg,
Hoffmann & Campe 2013

Schrader, Herbert L.
Hofapotheker Pettenkofer, Lux Lese-
bogen 307, Murnau, München, Innsbruck
1955

Stadt München (Hrsg.)
Winckel, F./Dyck W.
Die Entwicklung Münchens unter dem
Einflusse der Naturwissenschaften
während der letzten Dezennien,
Festschrift der 71. Versammlung
deutscher Naturforscher und Äerzte,
gewidmet von der Stadt München, 1899

Stadtarchiv München
Erinnerungen an das Münchner Aquarium, im Verlag der Schwabinger Bücher-
stube, 1982, sowie weitere Texte und
Bilder

Stankiewitz, Karl
Schwarze Tage. Das Münchner Katastro-
phenbuch – Vom Brückenbrand zur
Schneewalze, Franz Schiermeier Verlag
München, 2006

Weyer von Schoultz, Martin
Max von Pettenkofer (1818–1901),
Europäischer Verlag der Wissenschaften,
2006

Wieninger, Karl
Max von Pettenkofer, Das Leben eines
Wohltäters, Hugendubel Verlag, 1987

Wittern-Sterzel, Renate
Max von Pettenkofer, Vortrag am 16.
Januar 2006, Altes Rathaus München, in:
München leuchtet für die Wissenschaft –
Berühmte Forscher und Gelehrte,
Allitera-Verlag, 2007

Bildnachweis

Stadtarchiv Augsburg
16 (csm_Theaterzettel_
Egmont_06_10_1841_32d1015729)

Stadtarchiv München
22 links (DE-1992-HV-BS-D-01-31),
39or (DE-1992-FS-ERG-G-0130),
46 (DE-1992-FS-PK-STB-14256),
47o (DE-1992-FS-PK-STB-14255),
55, 56 (CHRON001), 59 (C1885043),
68 (DE-1992-FS-ERG-G-030), 69lo
(DE-1992-FS-NL-PETT1-3173), 87o
(DE-1992-FS-AB-STB-070-02), 96 o
(DE-1992-FS-NL-PETT1-2533), 96u
(DE-1992-FS-STB-5997), 99u, 104,
107 (C1898163)

Bayerische Staatsbibliothek,
Bildarchiv
29

Artothek
51 (Bayerische Staatsgemäldesamm-
lungen)

Münchner Stadtmuseum
52, 53

Meyers Konversationslexikon,
Bibliographisches Institut 1885
91

LHM, Stadtentwässerung
115, 136ur, 147o, 147u

Bernhard Prinz
133

Hubert Ströhle
(mit Dank für die Verwendung)
83

Franz Schiermeier Verlag München
9, 12, 13, 15, 28, 30o, 32, 40u, 41, 42,
44, 45, 47u, 49, 54, 57, 60 (2), 61 (2),
67 (2), 72, 75u, 83u, 84, 85 (2), 86 (2),
87u, 88, 89 (2), 98o, 136ul, 154 (8),
155 (8)

Aus Publikationen:
Bauer, Prinzregentenzeit, München
und die Münchner in Fotografien,
München 1988
110, 111

Wikimedia Commons
152 (3), 153 (2)

Alle anderen:
Bildrechte beim Autor

Dank

Dank an Florian Scheungraber, der mir die Tür
zu den Münchner Friedhöfen und zum Verlag
von Franz Schiermeier geöffnet hat.
Evelyne Andrae aus Villach, die bei allen
Zeichnungen der rettende Engel war.
Kathrin Flinner für die Bastelarbeiten am
Pettenkofer-Geldschein und an dem mit Lorbeer
umkränzten Pettenkofer.
Viele meiner ehemaligen Kollegen der Münchner
Stadtentwässerung, die mir bereitwillig zur Seite
gestanden haben.
Sanne Korn-Happ für die Ausschmückung
des Nordfriedhofplans.
Karl Heinz Kühle für die Ehrenkarte zum
Münchener Aquarium und Bernhard Prinz für
seine geniale Umsetzung des Themas.
Brigitte Schlachter, Dr. Cornelia Töpelmann
und Rudolf Ites für die Unterstützung bei der
Verwirklichung des Projekts.

Über den Autor

Mein Name ist Ben Tax, geboren am 11. Dezember 1952 in München. 40 Jahre war ich als Bauingenieur bei der Münchner Stadtentwässerung beschäftigt. Als ich 1978 in der Abteilung Kanalbetrieb zu arbeiten begann, verschwieg ich in meinem Umfeld das neue Arbeitsgebiet, denn ich fürchtete gesellschaftlich völlig unten durchzurutschen. Aber so wie sich vieles ändert, so hat sich auch in unserem München das Bewusstsein für die vermeintlich schmutzigen Arbeiten gewandelt, gelockert und sogar normalisiert.

Es war lange Zeit nicht vorstellbar, dass sich – wie seit Mitte der 1980er Jahre – Freiwillige finden, die bereit sind, in die Kanäle hinabzusteigen und diese zu besichtigen. Heutzutage kommen immer wieder Besuchergruppen oder Schulklassen, die sich einen Blick nach unten zutrauen, und an unseren Führungen in die Tiefen des Münchner Untergrundes teilnehmen. Corona bewirkt auch hier eine momentane Ruhephase.

Im Laufe der Ausführungen über Kanal und Hygiene bildete sich bei vielen Besuchern ein lebhaftes Interesse an der Person Max von Pettenkofer. Diese Entwicklung führte bei mir zu dem Gedanken, die Erlebnisse und Eindrücke über ihn in einem Buch zu bündeln. Es gibt bereits beachtliche Biografien über Pettenkofers Lebensweg und seine Errungenschaften, aber mir schwebte in erster Linie vor, ein besonderes Augenmerk auf seine menschlichen Werte zu legen. Sie halten jetzt in der Hand was dabei herausgekommen ist. Auf geht's, kommt nur alle und besichtigt die Abwasserkanäle!

Gedenktafel im Apothekenhof
der Münchner Residenz

Impressum

Ben Tax
Meine Verehrung Exzellenz!
Max von Pettenkofer –
Hygiene für München und die Welt

Gestaltung und Satz:
Edgar Hohl
Franz Schiermeier

gesetzt aus der Univers 45 light
von Adrian Frutiger (1957)
und der Alten Schwabacher

Abbildungen:
Rechte bei den Institutionen und Fotografen,
siehe Bildnachweis

Texte:
Rechte beim Autor

Druck:
Fuchs-Druck, Miesbach

Verlag:
Franz Schiermeier Verlag München
ISBN 978-3-948974-03-9

München, im September 2021

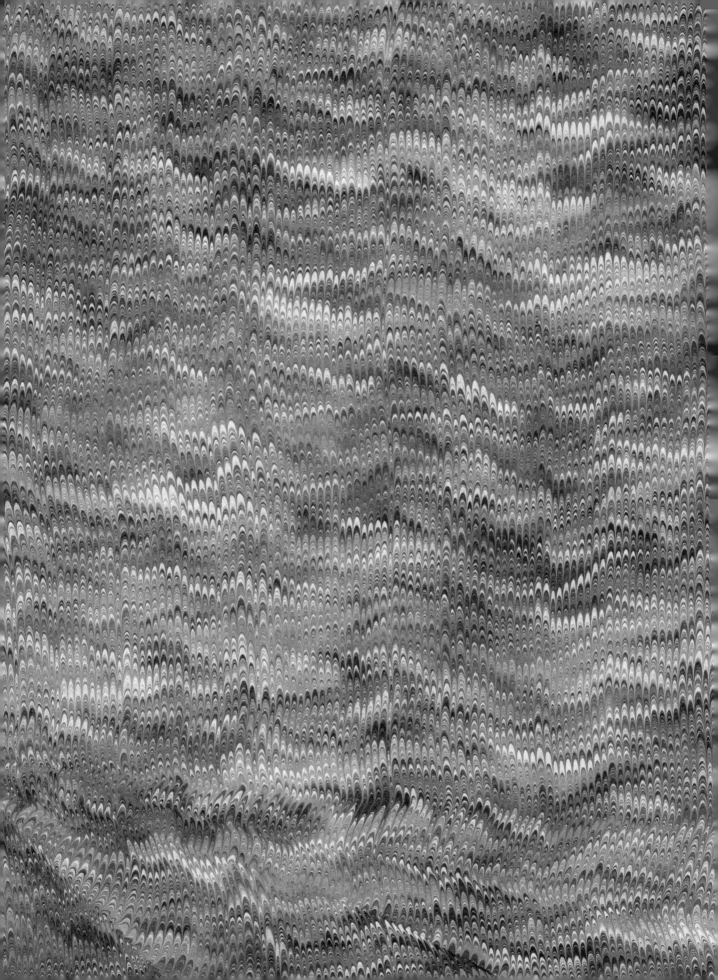